Lorenz Fastrich
Funktionales Rechtsdenken
am Beispiel des Gesellschaftsrechts

Schriftenreihe
der
Juristischen Gesellschaft zu Berlin

Heft 169

W
DE
G

2001
Walter de Gruyter · Berlin · New York

Funktionales Rechtsdenken am Beispiel des Gesellschaftsrechts

Von
Lorenz Fastrich

Erweiterte Fassung eines Vortrages
gehalten vor der
Juristischen Gesellschaft zu Berlin
am 21. Juni 2000

W
DE
G

2001

Walter de Gruyter · Berlin · New York

Prof. Dr. *Lorenz Fastrich*,
o. Universitätsprofessor
an der Universität München

♾ Gedruckt auf säurefreiem Papier,
das die US-ANSI-Norm über Haltbarkeit erfüllt.

Die Deutsche Bibliothek – CIP-Einheitsaufnahme

Fastrich, Lorenz:
Funktionales Rechtsdenken am Beispiel des Gesellschaftsrechts :
Vortrag gehalten vor der Juristischen Gesellschaft zu Berlin am 21.
Juni 2000 / von Lorenz Fastrich. - Berlin ; New York : de Gruyter,
2001
   (Schriftenreihe der Juristischen Gesellschaft zu Berlin ; H. 169)
   ISBN 3-11-017082-5

Printed in Germany
Satz: OLD-Satz digital, Neckarsteinach
Druck: Druckerei Gerike GmbH, Berlin
Buchbinderische Verarbeitung: Industriebuchbinderei Fuhrmann GmbH & Co. KG, Berlin

Inhaltsübersicht

6

I. Einleitung

1. Funktionales Rechtsdenken

Was im folgenden unter funktionalem Rechtsdenken untersucht werden soll, kann vielleicht zunächst am besten mit einem Beispiel verdeutlicht werden:

Angenommen, in einem Gesellschaftsvertrag einer Personengesellschaft wird vereinbart, daß die Mehrheit Mitgesellschafter durch qualifizierten Mehrheitsbeschluß aus der Gesellschaft ausschließen kann, ohne daß es dafür des Nachweises eines wichtigen Grundes bedarf. Eine solche Regelung hat manches für sich, weil sie dazu führt, daß sich die Gesellschafter ohne langwierige Nachweise einzelner Verfehlungen und das bekannte öffentliche „Waschen der schmutzigen Wäsche" von einem Mitgesellschafter sollten trennen können, wenn die Zusammenarbeit problematisch wird. Entsprechend hat man eine solche Klausel lange Zeit für durchaus zulässig gehalten, weil man ein Bedürfnis dafür sah.[1] Für viele damals überraschend hat der Bundesgerichtshof jedoch im Jahre 1977 daran Anstoß genommen[2] und sieht seither in entsprechenden „Hinauskündigungsklauseln", wie sie inzwischen genannt werden, einen Verstoß gegen die guten Sitten nach § 138 BGB.[3]

Das hat zu einer langen Kontroverse in der Literatur geführt, die hier nicht nachgezeichnet werden soll,[4] die unter anderem kritisierte, daß ja nicht recht einzusehen ist, warum man sich als Gesellschafter nicht im Rahmen der Privatautonomie einer solcher Klausel soll unterwerfen können, noch dazu, wenn nicht einmal gesagt ist, daß man im Falle eines Ausschlusses keine Abfindung bekommt.[5] Was soll daran denn sittenwidrig sein?[6] Entsprechend hatte etwa das RG ausdrücklich aner-

---

[1] So noch RG ZAkDR 1938, 818; BGH NJW 1973, 1606; BGHZ 34, 80 stellvertretend für die ältere Literatur *A. Hueck*, OHG, 4. Aufl. 1971, § 29 I 2 b m.w.N.

[2] BGHZ 68, 212.

[3] So die dogmatische Anknüpfung seit BGHZ 81, 263.

[4] Dazu statt anderer *G. Hueck*, Gesellschaftsrecht, 19. Aufl. 1991, § 10 II 1; *K. Schmidt*, Gesellschaftsrecht, 3. Aufl. 1997, § 50 III 4; *Wiedemann*, Gesellschaftsrecht I, 1980, § 7 III 2.

[5] BGH WM 1978, 1044; BGHZ 81, 263, 268.

[6] Siehe *G. Hueck*, Gesellschaftsrecht (oben Fn. 4), § 10, 1 b, bb.

kannt, daß der Ausschluß eines Gesellschafters in das Belieben der Mitgesellschafter gestellt werden kann, weil in der Zustimmung zum Gesellschaftsvertrag schon eine antizipierte Zustimmung zu einem eventuellen Ausschluß liegt.[7]

Der BGH hat für seine abweichende Entscheidung, die eine solche „Hinauskündigungsklausel" für unwirksam erklärte, wenn für diese kein besonderer sachlicher Grund gegeben sei, zunächst keine,[8] später aber eine überraschende Begründung gegeben: Es müßten bei den Grenzen der Vertragsfreiheit nicht nur die allgemeinen Grundsätze der Rechtsordnung – und damit meinte der BGH offenbar das Verbot der Sittenwidrigkeit –, sondern auch die Grundprinzipien des Gesellschaftsrechts beachtet werden. Vertragsklauseln dürften nicht so gestaltet werden, daß sie die erforderliche Zusammenarbeit der Gesellschafter im Kern träfen. Sie dürften nicht die Erfüllung der dem einzelnen Gesellschafter obliegenden Aufgaben gefährden und die gesellschaftstreue Mitarbeit in Frage stellen. Das sei aber bei der Existenz einer solchen „Hinauskündigungsklausel" das Problem, weil ein Gesellschafter, über dessen Haupt ständig das Damoklesschwert der grundlosen Hinauskündigung schwebe, von seinen Gesellschafterrechten nicht mehr unbefangen Gebrauch machen könne.[9] Daran hat der BGH bis heute trotz mancher Kritik festgehalten. Man kann inzwischen von einer ständigen Rechtsprechung sprechen.[10]

Analysiert man die Begründung des BGH zu der Nichtanerkennung der „Hinauskündigungsklausel", so wird deutlich, daß es sich bei dieser Rechtsprechung nicht oder jedenfalls nicht in erster Linie um den Schutz des Gesellschafters vor einem sittenwidrigen Mißbrauch der Macht handelt, sondern wesentlich um den Schutz der Funktionsfähigkeit der Gesellschaft als solcher. Geschützt wird die Gesellschaft in ihrer inneren Funktionsfähigkeit. Der BGH sagt, Vertragsregelungen dürften nicht die Erfüllung der dem einzelnen Gesellschafter obliegenden Aufgaben gefährden und die gesellschaftstreue Mitarbeit in Frage stellen.[11] Die Gesellschaft wird damit offenbar als ein Subsystem gesehen, dessen Funktion auf bestimmten Voraussetzungen aufbaut, die

---

[7] RG ZAkDR 1938, 818; vgl. auch *A. Hueck*, OHG (oben Fn. 1), § 29 I 2 b.

[8] BGHZ 68, 212, 215 gibt als Begründung lediglich, daß (nicht warum) eine derart schwerwiegende und in die wirtschaftliche und persönliche Freiheit eingreifende Regelung nur unter ganz besonderen Umständen anerkannt werden könne.

[9] BGHZ 81, 263, 268.

[10] BGHZ 81, 263; 104, 50, 57; 105, 213; 107, 351; zur GmbH BGHZ 112, 103.

[11] BGHZ 81, 263, 266 f.; vgl. auch BGHZ 105, 213, 217.

durch vertragliche Vereinbarungen nicht zerstört werden dürfen. Und diese Funktions-Voraussetzungen sieht der BGH unter anderem in der Möglichkeit der pflichtgemäßen Ausübung der Gesellschafterrechte. Nur dann funktioniert die Gesellschaft als System.

2. Fragestellung und Gang der Überlegungen

Dieser, von mir hier als funktional – oder, wenn Sie wollen, system-funktional – bezeichnete Aspekt, systemfunktional, weil auf die Funktionsfähigkeit des Subsystems „Gesellschaft" gerichtet, ist Ausdruck eines teleologischen Verständnisses der jeweiligen Rechtsregeln. Man fragt nach der Aufgabe einer bestimmten Regelung. Die teleologische Fragestellung ist aber noch zu allgemein. Es geht zwar darum, den Sinn einer bestimmten Regelung zu ergründen. Dieser kann vielfältig sein. Worum es hier geht, ist aber die Erkenntnis, daß der Sinn einer Regelung vielfach nicht oder nicht nur im unmittelbaren Schutz des Einzelnen, des Gesellschafters, Gläubigers usw. liegt, sondern auch im Funktionieren eines Subsystems wie der Personen- oder Kapitalgesellschaft, und daß bei der Rechtsanwendung und Rechtsfortbildung auf die Erhaltung der Funktionsfähigkeit dieses Subsystems Bedacht zu nehmen ist. Man darf es nicht zerstören, und um das zu verhindern, muß man die ungeschriebenen Funktionsbedingungen kennen.

Unter dem Thema „funktionales Rechtsdenken am Beispiel des Gesellschaftsrechts" möchte ich nun diesem Funktionsgedanken nachgehen und versuchen auszuloten, worum es sich dabei handelt. Denn wir sind, jedenfalls im Privatrecht, gewohnt, vom Schutz des Einzelnen her zu denken und von dort die Grenzen des Handelns zu bestimmen. Hierfür verfügen wir über ein ganzes Arsenal von dogmatischen Figuren und Instrumenten. Ich nenne nur § 138 BGB, § 242 BGB usw. In der Diskussion der Rechtsfortbildung haben rechtsethische Gesichtspunkte zunehmend Raum gewonnen.[12] Wir kennen Rechtsfortbildungen mit Rücksicht auf ein rechtsethisches Prinzip.[13] Wir wissen auch, daß die Rechtsordnung als System gedacht werden kann.[14] Dagegen

---

[12] Dazu für das Gesellschaftsrecht paradigmatisch *Wiedemann*, ZGR 1980, 147 ff.

[13] Larenz/*Canaris*, Methodenlehre der Rechtswissenschaft, 3. Aufl. 1995, S. 240 ff.

[14] *Canaris*, Systemdenken und Systembegriff in der Jurisprudenz, 2. Aufl. 1983; Larenz/*Canaris*, Methodenlehre (oben Fn. 13), S. 263 ff.

fehlt uns möglicherweise eine klare methodische[15] und auch dogmatische Grundlage dafür, ob oder inwieweit auch der Schutz der Funktion eines Subsystems oder einer Organisation als solche, wie etwa einer Gesellschaft, Aufgabe der Interpretation und Fortbildung des Rechts ist und wie er gegebenenfalls zu erfolgen hat. Was bedeutet es, die Funktionsfähigkeit der Gesellschaft rechtlich abzusichern, welche Mittel stehen dafür bereit und wie muß man methodisch vorgehen?

Dabei wird nicht verkannt, daß das Subsystem so aufgebaut ist, daß es den Schutzanforderungen des Einzelnen, der Gläubiger usw. gerecht wird. Davon wird noch die Rede sein.[16] Aber dieser Schutz wird nicht unmittelbar durch konkrete inhaltliche Anordnung verwirklicht, sondern mittelbar durch die sachgemäße Funktion des Subsystems Gesellschaft.

Der funktionale Aspekt ist also etwas anderes als die Frage, ob einem Gesellschafter im Einzelfall eine notwendige Information zu Unrecht versagt wurde und ob er deshalb den anschließend gefaßten Beschluß anfechten kann. Nicht oder jedenfalls nicht allein weil die Bestimmung dem einzelnen gegenüber sittenwidrig ist, wird sie nicht anerkannt, sondern weil sie die Funktionsfähigkeit der Gesellschaft als Organismus oder System beeinträchtigt. Beides, der Schutz des Einzelnen und der Schutz der Funktionsfähigkeit des Systems, ist zwar aufeinander bezogen, aber es ist nicht dasselbe.[17]

Ich möchte die Bedeutung des Funktionsgedankens in vier Schritten verfolgen: In einem ersten möchte ich fragen, ob es sich bei meinem Beispiel des Denkens von der Funktion des Systems her lediglich um einen Einzelfall handelt oder tatsächlich um einen relevanten Bereich (nachfolgend II.). In einem zweiten Schritt möchte ich dann versuchen, diese funktionale Betrachtung im Rechtssystem zu verorten (III.). In einem dritten Schritt möchte ich schließlich prüfen, ob und welche Regeln sich daraus für die Rechtsanwendung und Rechtsfortbildung formulieren lassen (nachfolgend IV.). Schließen möchte ich dann mit einem kurzen Ausblick darauf, ob der Funktionsgedanke ein Spezifikum des Gesellschaftsrechts ist oder ob seine Bedeutung weiter geht (V.).

---

[15] Ansätze aber bei Larenz/*Canaris*, Methodenlehre (oben Fn. 13), S. 310 (funktionsbestimmte Rechtsbegriffe); zur rechtstheoretischen Bedeutung des Funktionsgedankens *Krawietz*, Das positive Recht und seine Funktion, Berlin 1967.

[16] Unten III 2 c.

[17] Zu dieser Unterscheidung von Individualschutz und Funktionenschutz bei Hinauskündigungsklauseln *Behr*, ZGR 1990, S. 375, 377; im Rahmen des Anlegerschutzes etwa auch *Kübler*, Gesellschaftsrecht, 5. Aufl. 1998, § 31 II 1 u. 2.

II. Die Bedeutung des Funktionsgedankens und seine Verkennung an einzelnen Beispielen

1. Kernbereichslehre

a) Begriff und allgemeine Bedeutung

Die Kernbereichslehre besagt, daß es bestimmte Gesellschafterrechte gibt, die nicht beliebig dispositiv sind, sondern die eben, soweit sie zum Kernbereich der Mitgliedschaft gehören, notwendig mit dieser verbunden und über eine bestimmte Grenze hinaus auch nicht eingeschränkt werden können.

Welche das sind, ist allerdings bis heute wenig geklärt. Das Kernbereichsargument wird zwar immer wieder vereinzelt herangezogen, aber der ganze Inhalt der Kernbereichslehre besteht im Grund darin, daß anerkannt wird, daß es Einzelfälle gibt, in welchen der vertragliche Verzicht auf Gesellschafterrechte nicht zulässig ist. Man begründet das dann meist mit § 138 BGB, dem Verbot sittenwidriger Rechtsgeschäfte,[18] und spart sich damit die eigentliche Begründung. Vielfach werden Fragen des unentziehbaren Kernbereichs auch unter anderen Gesichtspunkten behandelt. Eine wirklich konsistente Kernbereichslehre haben wir nicht.

Das zeigt sich schon daran, daß in Literatur und Rechtsprechung zwei ganz unterschiedliche Fragestellungen unter dem Begriff der Kernbereichslehre behandelt werden.[19] Zum einen die Frage, die ich soeben als Gegenstand der Kernbereichslehre geschildert habe, inwieweit und warum Gesellschafterrechte vertraglich nicht abbedungen werden können.[20] Unter dem Begriff der Kernbereichslehre wird aber auch eine andere Fragestellung erfaßt, die nämlich, wie weit Gesellschafterrechte einem Gesellschafter ohne seine Zustimmung nicht durch Mehrheitsbeschluß entzogen werden können.[21] Letzteres ist eine Frage der Reichweite des Mehrheitsprinzips, die ich in späterem Zusammenhang behandeln möchte und die m.E. nicht mit der Kernbe-

---

[18] Vgl. nur *Ulmer* in MünchKomm BGB, 3. Aufl., § 705 Rn. 101 m.w.N.

[19] *K. Schmidt*, Gesellschaftsrecht (oben Fn. 4), § 16 III 3 b, bb; *Ulmer* in MünchKomm BGB (oben Fn. 18), § 705 Rn. 101; § 709 Rn. 83; *Wiedemann*, Gesellschaftsrecht (oben Fn. 4), § 7 I 1 b.

[20] *Ulmer* in MünchKomm BGB (oben Fn. 18), § 705 Rn. 101.

[21] *K. Schmidt*, Gesellschaftsrecht (oben Fn. 4), § 16 III 3 b, bb; *Ulmer* in MünchKomm BGB (oben Fn. 18), § 709 Rn. 83.

reichsfrage im Sinne der Unabdingbarkeit von Gesellschafterrechten vermischt werden darf.

Für die hier interessierende Frage des Kernbereichs im Sinne des unabdingbaren Mindestbestands an Gesellschafterrechten fehlt es, wie gesagt, an einer brauchbaren Lehre. Das kommt im wesentlichen daher, daß das Personengesellschaftsrecht an sich als weitestgehend dispositiv gilt und man daher nach dem Grundsatz „volenti non fit iniuria" fragen kann, warum es denn einen unentziehbaren Kernbereich von Mitgliedschaftsrechten geben sollte. Kann man nicht, so, wie man als Schenker auf jede Gegenleistung verzichten kann, auch als Gesellschafter auf die Gesellschafterrechte verzichten? Wozu der Schutz eines Kernbereichs?

b) Beispiele für Kernbereichsargumente

aa) Gesetzlich geregelte Fälle

Daß es einen unentziehbaren Kernbereich gibt, steht jedoch außer Frage. Bereits das Gesetz sagt in § 723 Abs. 3 BGB etwa für die Personengesellschaft, daß das Recht zur außerordentlichen Kündigung nicht ausgeschlossen werden kann. Für die Kontrollrechte der Gesellschafter in der Personengesellschaft gilt nach § 118 Abs. 2 HGB für die OHG und nach § 166 Abs. 3 HGB in abgemilderter Form auch für die KG, daß ein Ausschluß der Kontrollrechte jedenfalls bei Verdacht unredlicher Geschäftsführung nicht wirksam ist. Das sind, wie gesagt, gesetzlich geregelte Einzelfälle, die meist gar nicht mit dem Kernbereichsgedanken in Verbindung gebracht werden, obwohl sie natürlich dazu gehören.

bb) Abspaltungsverbot

Der Bundesgerichtshof hat dem dann in einer frühen Entscheidung aus dem Jahre 1956 hinzugefügt, daß eine dauernde unwiderrufliche Stimmrechtsvollmacht bei einer Personengesellschaft als quasi Abspaltung des Stimmrechts keine Anerkennung verdient.[22] Dieses Abspaltungsverbot wird mit dem Wesen der Gesamthandsgemeinschaft begründet,[23] wobei man natürlich aus dem „Wesen" alles und nichts folgern kann. In der Literatur wird dagegen u.a. vorgeschlagen, das Abspaltungsverbot als Ausdruck der „Natur der einzelnen Mitglied-

---

[22] BGHZ 20, 363, 364 f.
[23] BGHZ 3, 354, 357.

schaftsrechte"[24] oder § 717 S. 2 BGB zu entnehmen,[25] wobei freilich eine Begründung dafür, was die Natur der einzelnen Mitgliedschaftsrechte ist oder warum § 717 S. 2 BGB eine Abspaltung von Gesellschafterrechten verbietet, meist nicht gegeben wird.

cc) Hinauskündigungsklauseln

Meist zu Unrecht nicht mit der Kernbereichslehre in Verbindung gebracht wird das bereits eingangs erwähnte Beispiel der „Hinauskündigungsklauseln." Dabei gehört natürlich das Recht, nicht willkürlich aus der Gesellschaft ausgeschlossen werden zu können, zum Kernbereich der Mitgliedschaft im Personenverband. Nur so erklärt sich ja, daß der BGH die Hinauskündigungsklausel als dem Wesen der Gesellschaft widersprechend nicht anerkennt.

dd) Gleichbehandlungsgrundsatz

Zum Kernbereich der Mitgliedschaftsrechte möchte ich ferner den gesellschaftsrechtlichen Gleichbehandlungsgrundsatz rechnen.[26] Es ist zwar anerkannt, daß ein Gesellschafter im Einzelfall auf Gleichbehandlung verzichten kann. Auf die Geltung des Gleichbehandlungsgrundsatzes insgesamt kann ein Gesellschafter jedoch nicht verzichten.[27] Er gehört mithin ebenfalls zu den unverzichtbaren Gesellschafterrechten.

c) Das Fehlen einer Kernbereichstheorie

Wenn ich Ihnen soeben unter dem Begriff der Kernbereichslehre gewissermaßen ein Sammelsurium von Einzelfällen genannt habe, die keine geschlossene Idee erkennen lassen und zudem auch ganz unterschiedlich begründet werden – mit dem Argument des Abspaltungsverbots, mit § 138 BGB, mit dem Gedanken des Damoklesschwerts und mit dem Wesen der Gesellschaft –, dann zeigt sich daran deutlich, daß wir zwar das Schlagwort der Kernbereichslehre kennen, daß die

---

[24] *Ulmer* in MünchKomm BGB (oben Fn. 18), § 717 Rn. 7.
[25] *G. Hueck*, Gesellschaftsrecht (oben Fn. 4), § 7 II 3; *Kraft/Kreutz*, Gesellschaftsrecht, 11. Aufl. 1999, C II 3 a; *Ulmer* in MünchKomm BGB (oben Fn. 18), § 717 Rn. 7 m.w.N. Zu den verschiedenen Begründungen *Wiedemann*, Die Übertragung und Vererbung von Mitgliedschaftsrechten, 1965, S. 278 ff.
[26] So wohl auch *K. Schmidt*, Gesellschaftsrecht (oben Fn. 4), § 16 III b, dd mit Verweisung auf § 16 II, 4 b ee ebenda.
[27] Dazu statt anderer *G. Hueck*, Der Grundsatz der gleichmäßigen Behandlung im Privatrecht, 1958, S. 267.

Kernbereichs „lehre" aber nicht zu einer wirklichen Lehre vorgedrungen ist. Sie wird daher in den einschlägigen Lehrbüchern zum Gesellschaftsrecht zwar gestreift,[28] aber sie wird weder theoretisch ausreichend begründet,[29] noch finden sich Ansätze einer Systembildung, die den Namen verdient. Eine einigermaßen geschlossene Kernbereichslehre, welche auf einen einheitlichen Gedanken zurückzuführen wäre und die daraus dann klare Folgerungen und Abgrenzungen bietet, fehlt noch immer.[30]

Das scheint mir für mein Thema bezeichnend zu sein. Der funktionale Gedanke, der hinter der gesamten Kernbereichslehre steckt, und der ja ganz deutlich in der eingangs genannten Entscheidung zur Hinauskündigungsklausel hervortritt – nämlich: die Klausel müsse unwirksam sein, weil sonst ein Gesellschafter nicht mehr seine Gesellschafterrechte sachgemäß wahrnehmen könne –, dieser funktionale Gedanke wird in seiner maßgeblichen Bedeutung nicht ausreichend erfaßt.

Denn warum ist es denn, um einen weiteren oben genannten Fall aufzugreifen, unzulässig, Gesellschafterrechte abzuspalten? Mit dem Begriff Abspaltungsverbot wird ja nur ein Ergebnis mitgeteilt, aber keine Begründung. Es kann doch wohl nur sein, daß die Abspaltung wesentlicher Gesellschafterrechte die Gesellschaft als Vereinigung aller Gesellschafter so destabilisiert, daß sie nicht mehr in der gebotenen Form funktionsfähig ist.[31] Richtig erscheint mir daher der Ansatz von *Karsten Schmidt*, der im Anschluß an *Flume* formuliert, der Gedanke sei der, daß der Verband, solle nicht die „Richtigkeitsgewähr" verbandsrechtlicher Willensbildung und Kontrolle in Gefahr geraten, selbstgesteuert und nicht fremdgesteuert zu agieren habe.[32]

---

[28] So etwa bei *Grunewald*, Gesellschaftsrecht, 3. Aufl. 1999, 1 A 85; *K. Schmidt*, Gesellschaftsrecht (oben Fn. 4), § 16 III 3 b, aa; *Ulmer* in MünchKomm BGB (oben Fn. 18), § 709 Rn. 77 ff.; *Wiedemann*, Gesellschaftsrecht (oben Fn. 4), § 7 I 1 b.

[29] Siehe etwa die Bemerkung *Ulmers* in MünchKomm BGB (oben Fn. 18), § 705 Rn. 101 zur Bedeutung des § 138 Abs. 1 BGB: „... der danach zu respektierende Mindestbestand an Gesellschafterrechten wird meist mit dem Begriff des unverzichtbaren Kernbereichs umschrieben".

[30] Trotz einiger Bemerkungen etwa bei *H.P. Westermann*, Vertragsfreiheit und Typengesetzlichkeit im Recht der Personengesellschaften, 1970, S. 176 f., 351 ff. Ansätze immerhin bei *Wiedemann*, Gesellschaftsrecht (oben Fn. 4), § 7 I 1 b unter Hinweis auf das „Selbstschutzprinzip".

[31] Mit ähnlicher Tendenz *Th. Raiser*, Recht der Kapitalgesellschaften, 2. Aufl. 1992, § 12 Rn. 10; *K. Schmidt*, Gesellschaftsrecht (oben Fn. 4), § 19 III 4 a.

[32] *K. Schmidt*, Gesellschaftsrecht (oben Fn. 4), § 19 III 4 a; *Flume*, Allgemeiner Teil des Bürgerlichen Rechts, Bd. I, 1, Die Personengesellschaft, 1997, § 14 IV u. VII.

Und warum darf man nicht in den Gesellschaftsvertrag schreiben, die Gesellschafter verzichten auf Gleichbehandlung?[33] Auch das kann doch nur von daher verstanden werden, daß ein genereller Verzicht auf Gleichbehandlung das Zusammenspiel der Gesellschafter und damit die Funktionsfähigkeit und die Sicherungsmechanismen der Gesellschaft untergraben würde.[34] Warum, das will ich gleich anschließend am Beispiel der Mehrheitsbeschlüsse untersuchen.

2. Mehrheitsbeschlüsse

a) Das Problem des Kontrollmaßstabs

Das Recht der Kapitalgesellschaften geht, anders als das Personengesellschaftsrecht, bei Gesellschafterbeschlüssen vom Mehrheitsprinzip aus. Für Angelegenheiten, die im weiteren Sinne zur Geschäftsführung gehören, gilt der Grundsatz der einfachen Mehrheit, während für Angelegenheiten, welche Satzungsänderungen und andere Fragen der Grundlagen der Gesellschaft betreffen, eine qualifizierte Mehrheit erforderlich ist.

Das Problem ist nun natürlich, daß das, was die Mehrheit entscheidet, nicht immer richtig sein muß und daß die Mehrheitsentscheidung einseitig von den Mehrheitsinteressen bestimmt sein kann. Damit stellt sich die Frage nach der Kontrolle der Mehrheitsmacht.

Während das GmbHG überraschenderweise dazu überhaupt keine Aussage trifft, enthält das Aktienrecht in den §§ 243 ff. AktG eine Regelung über die Anfechtung von Hauptversammlungsbeschlüssen, die den Mehrheitsmißbrauch kennt, die Voraussetzungen für seine Angreifbarkeit allerdings relativ hoch ansetzt. Nach § 243 Abs. 1 AktG kann ein Hauptversammlungsbeschluß zunächst angefochten werden bei Verstößen gegen Gesetz oder Satzung. Nach § 243 Abs. 2 AktG kann ein Hauptversammlungsbeschluß ferner, wie es im Gesetz heißt, „auch" angegriffen werden, wenn ein Aktionär mit der Ausübung des Stimmrechts für sich oder einen Dritten Sondervorteile zum Schaden der Gesellschaft oder der anderen Aktionäre zu erlangen sucht und der Beschluß geeignet ist, diesem Zweck zu dienen. Der Mehrheitsmißbrauch, um den es mir geht, scheint also unter § 243 Abs. 2 AktG zu

---

[33] Zur Unzulässigkeit oben b, dd mit Fn. 27.
[34] So tendenziell wohl auch K. *Schmidt*, Gesellschaftsrecht (oben Fn. 4), § 16 II 4 b aa.

fallen, als Fall der Verfolgung von Sondervorteilen. Unterhalb dieser Schranke sieht das AktG dagegen keine Möglichkeit vor, einen Mehrheitsbeschluß wegen Mehrheitsmißbrauchs anzugreifen. Denn im übrigen sind Anfechtungsgründe eben nur Verstöße gegen Gesetz oder Satzung.

Das hat das RG in der vielzitierten Hibernia-Entscheidung dazu verleitet, den Satz aufzustellen, daß *„die in den Angelegenheiten der Gesellschaft mit der erforderlichen Stimmenzahl gefaßten Beschlüsse der Mehrheit ... für die Minderheit auch dann maßgebend (sind), wenn sie dieser als verkehrt, wirtschaftlich nachteilig oder die Bestrebungen des Minderheitsschutzes schädigend erscheinen."* Dies – so das RG weiter – sei eine unabwendbare Folge des im Gesetz zur Anerkennung gelangten Grundsatzes, daß die Mehrheit des Aktienbesitzes über die Verwaltung der Gesellschaft und darüber entscheide, was im Interesse der Gesellschaft und ihrer Aktionäre zu tun oder zu lassen sei. Mit dieser Tatsache müsse sich jeder abgefunden haben, der Aktien erwerbe.[35]

Das klingt hart – und war auch so gemeint, und man zitiert heute diese Sätze aus der Hibernia-Entscheidung gerne als Beleg für die für unsere Vorstellungen nicht mehr tragbare rein formale Sicht des RG, die der BGH, um ein Wort des Rechtshistorikers *Franz Wieacker* abzuwandeln, „in eine materiale Ethik sozialer Verantwortung zurückverwandelt"[36] hat.

Bevor man freilich endgültig den Stab über der Hibernia-Entscheidung bricht, wie das heute üblich ist,[37] muß man sich doch fragen, was es im Grundsatz mit dem Mehrheitsprinzip auf sich hat. Wie kommt es eigentlich, daß in einer Gesellschaft – und ich meine hier natürlich die Gesellschaft im Sinne unseres Gesellschaftsrechts und enthalte mich einer Kommentierung der Gesellschaft im staatsrechtlichen Sinn –, daß man das Geschick der Kapitalgesellschaft in die Hände der Mehrheit legen kann? Besteht dabei nicht notwendig die Gefahr, daß jeweils die Minderheit auf der Strecke bleibt? Muß man also nicht Mehrheitsbeschlüsse einer durchgängigen richterlichen Kontrolle unterziehen dahingehend, ob durch den Beschluß nicht die Minderheit beeinträchtigt wird? Muß man nicht den Satz aufstellen, daß Mehrheitsbeschlüsse – anders als das RG meinte – durchgängig einer richterlichen Kontrolle am Maßstab von

---

[35] RGZ 68, 235, 254 f.

[36] *Wieacker*, Das Sozialmodell der klassischen Privatrechtsgesetzbücher und die Entwicklung der modernen Gesellschaft, 1952, S. 18.

[37] Vgl. *Wiedemann*, Gesellschaftsrecht (oben Fn. 4), § 8 I 2 pr.; *K. Schmidt*, Gesellschaftsrecht (oben Fn. 4), § 21 II 3 a m.w.N.

Treu und Glauben unterliegen müssen[38] und nicht allein mit dem Satz „Mehrheit ist Mehrheit" gerechtfertigt werden können?

In der Tat läuft die heutige Rechtsentwicklung in diese Richtung, indem man nämlich, am Wortlaut und Sinn der aktienrechtlichen Regelung der Beschlußanfechtung vorbei, die Treuepflicht als Schranke für die Wirksamkeit des Mehrheitsbeschlusses in das Anfechtungsverfahren eingefügt hat;[39] rechtstechnisch ganz einfach in der Weise, daß man sagt, ein Verstoß gegen die Treuepflicht sei ein Verstoß gegen das Gesetz, und für Gesetzesverstöße sieht bereits § 243 Abs. 1 AktG eine Anfechtungsmöglichkeit vor.[40] Anfechtbar sind nach § 243 Abs. 1 AktG Beschlüsse bei Verletzung des Gesetzes und der Satzung. Auf diese Weise hat man – scheinbar elegant – den Minderheitsschutz im Aktienrecht auf das erforderliche Maß verbessert. Die Integration der Treuepflicht in den § 243 Abs. 1 AktG dient ausschließlich dazu, die als zu ineffektiv geltenden Grenzen des § 243 Abs. 2 AktG auf scheinbar gesetzestreue Weise im Sinne einer Verbesserung des Minderheitsschutzes zu verschärfen.[41] Und wer wollte gegen eine Verbesserung des Minderheitsschutzes sein?!

Zwei Gesichtspunkte kommen dabei jedoch zu kurz: Zum einen der, daß die Einführung der Treuepflicht als Schranke der Beschlußfassung kaum der Dogmatik des Aktiengesetzes entsprach. Das liegt auf der Hand und wird im Grunde auch nicht ernstlich bestritten.[42] Denn natürlich ist die Vorstellung, die Treuepflicht gehöre zu den gesetzlichen Regelungen, deren Mißachtung die Beschlußanfechtung nach § 243 Abs. 1 AktG wegen Verletzung von Gesetz und Satzung erlaube, mit der vom Gesetzgeber des AktG zugrunde gelegten Dogmatik im Grunde unvereinbar. Das ergibt sich zum einen daraus, daß der § 243 Abs. 1 AktG als Regel ausspricht, daß Beschlüsse wegen Verletzung

---

[38] Vgl. zum Personengesellschaftsrecht *Ulmer* in MünchKomm BGB (oben Fn. 18), § 709 Rn. 85: „ Die mit der Einschränkung des Bestimmtheitsgrundsatzes verbundene Erweiterung der Mehrheitsherrschaft aufgrund entsprechender Mehrheitsbeschlüsse erfordert zum Ausgleich eine inhaltliche Verstärkung des Minderheitenschutzes. Sie ist durch **Kontrolle des Inhalts des Mehrheitsbeschlusses** auf Verstöße gegen die sog. ‚beweglichen Schranken' des Mehrheitsprinzips zu bewirken" (Hervorhebung im Original).

[39] Statt anderer *Hüffer*, AktG, 4. Aufl. 1999, § 243 Rn. 5; *Zöllner* in Kölner Komm AktG, 1. Aufl. 1985, § 243 Rn. 69.

[40] *Hüffer*, AktG (oben Fn. 39), § 243 Rn. 5.

[41] *Hüffer*, AktG (oben Fn. 39), § 243 Rn. 31; *ders.*, in Geßler/Hefermehl, AktG, 1984, § 243 Rn. 89 f.; *Zöllner*, in Kölner Komm AktG (oben Fn. 39), § 243 Rn. 236.

[42] Vgl. nur *Zöllner* in Kölner Komm AktG (oben Fn. 39), § 243 Rn. 206; *Hüffer*, AktG (oben Fn. 41), § 243 Rn. 31.

von Gesetz und Satzung angefochten werden können, und daß das Gesetz dann, gewissermaßen als Besonderheit betont, daß eine Anfechtung *auch* – und das Wort *auch* steht so im Gesetz – erfolgen kann wegen der näher geregelten Verfolgung von Sondervorteilen. Es handelt sich also ersichtlich um eine Ausnahmeregelung und nicht etwa lediglich um eine Klarstellung. Bereits deshalb kann es vom Gesetz nicht so gemeint sein, daß die Nennung von Gesetz und Satzung in § 243 Abs. 1 AktG ganz generell das Fehlverhalten der Mehrheit gegenüber der Minderheit umfaßt. Hinzu kommt, daß § 243 Abs. 2 AktG schlicht überflüssig wäre, wenn die Treuepflicht bereits unter § 243 Abs. 1 AktG fiele.[43] Alle Fälle des Mehrheitsmißbrauchs fielen dann bereits als Treuepflichtverletzungen unter § 243 Abs. 1 AktG. Der Gesetzgeber des AktG ist daher offenbar von einer anderen dogmatischen Sicht ausgegangen als die heute h.M.; und er hat seine dogmatische Sicht mit § 243 Abs. 2 AktG fixiert.

Nun kann man natürlich fragen, was solche scheinbar überholten dogmatischen Spitzfindigkeiten sollen. Das AktG ist von 1965, die dem § 243 Abs. 2 AktG zugrunde liegende Vorläuferregelung stammt von 1937, und inzwischen kann eben die Erkenntnis fortgeschritten sein.[44]

Aber es kommt der zweite Gesichtspunkt hinzu: Was man bei der heutigen Begeisterung für die materielle Beschlußkontrolle nicht ausreichend berücksichtigt, ist, daß man damit einen Weg beschreitet, der ansonsten, nämlich im Vertragsrecht, eher kritisch und sehr differenziert gesehen wird.[45] Man kommt mit der Generalisierung der Beschlußkontrolle am Maßstab der Treuepflicht zu einer durchgängigen materiellen Beschlußkontrolle,[46] obwohl man sonst, nämlich im Vertragsrecht, einer vergleichbar generellen Materialisierung in Form einer Verallgemeinerung der Vertragsinhaltskontrolle zu Recht sehr kritisch gegenübersteht und diese folgerichtig auf Ausnahmen und Sonderfälle wie den der Verwendung von Allgemeinen Geschäftsbedingungen beschränkt.[47] Diese Beschränkung der Kontrolle hat gute Gründe. Und

---

[43] So etwa *Hüffer* in Geßler/Hefermehl (oben Fn. 41), § 243 Rn. 67: „... erscheint die Norm für das Aktienrecht als weithin entbehrlich."

[44] In diesem Sinne etwa *Zöllner* in Kölner Komm AktG (oben Fn. 39), § 243 Rn. 206.

[45] *Zöllner*, AcP 176 (1976), S. 221, 246.

[46] Siehe etwa *Hüffer*, AktG (oben Fn. 39), § 243 Rn. 31, der von einer auf mitgliedschaftliche Treuebindungen gestützten materiellen Beschlußkontrolle spricht.

[47] Zur Frage der Materialisierung und gegen Übersteigerungen der Inhaltskontrolle statt anderer *Canaris*, AcP 200 (2000), S. 273 ff., 327 ff. auch schon *Zöllner*, AcP 176 (1976), 221 ff.

diese gelten im Grundsatz auch für die Frage der Beschlußkontrolle: Die Privatautonomie darf auch in Form der Beschlußkontrolle nur so weit eingeschränkt werden, wie dies tatsächlich erforderlich ist. Und die materielle Beschlußkontrolle vergrößert die Rechtsunsicherheit und enthält damit auch, was bereits der Gesetzgeber des Aktiengesetzes gesehen hat[48] und was auch heute noch durchaus aktuell ist,[49] ein erhebliches Erpressungspotential gegenüber der Gesellschaft und der Gesellschaftermehrheit.

Die Frage bleibt daher, ob die Entwicklung der materiellen Beschlußkontrolle in dieser Allgemeinheit richtig war. Ist, wie man heute meint, die gesetzgeberische Entscheidung, die materielle Beschlußkontrolle auf die Fälle des § 243 Abs. 2 AktG einzuengen, schlicht falsch gewesen und längst überholt?[50] Oder geht es nicht vielleicht, ähnlich wie bei der Inhaltskontrolle von Verträgen, in Wahrheit nicht um eine generelle, sondern nur um eine partielle Korrektur des Gesetzes bei Fehlen bestimmter Funktionsvoraussetzungen des Mehrheitsprinzips? Ist die heutige Beschlußkontrolle, die mit der Dogmatik des AktG ja keineswegs so einfach zu vereinbaren ist, wie das bisweilen dargestellt wird,[51] und die entsprechend zu einem schwer entwirrbaren Wust von verschiedenen Kontrollmaßstäben führt,[52] wirklich die notwendige Konsequenz des Mehrheitsprinzips?

b) Grundlagen des Mehrheitsprinzips

Um diese Frage zu beantworten, muß man doch zunächst einmal überlegen, was sich denn das Aktienrecht dabei gedacht hat, daß es die Angreifbarkeit von Beschlüssen unter dem Gesichtspunkt des Minderheitsschutzes so relativ schwach ausgebildet hat. Das führt unvermeidlich zu der Frage, warum es überhaupt möglich ist, im Kapitalgesell-

---

[48] Zu diesem Gesichtspunkt schon die Begründung zum AktG 1894, abgedruckt bei *Schubert/Hommelhoff*, Hundert Jahre modernes Aktienrecht, ZGR Sonderheft 4, 1985, S. 404, 467.

[49] Aus jüngster Zeit *Baums*, Empfiehlt sich die Neuregelung des aktienrechtlichen Anfechtungs- und Organhaftungsrechts, insbesondere der Klagemöglichkeiten von Aktionären?, Gutachten F zum 63. Deutschen Juristentag, 2000, S. 155.

[50] In diesem Sinne etwa *Hüffer*, AktG (oben Fn. 39), § 243 Rn. 31.

[51] Vgl. nur *Hüffer*, AktG (oben Fn. 39), § 243 Rn. 32.

[52] Vgl. dazu *K. Schmidt*, Großkomm AktG, 4. Aufl. (1995), Rn. 46-49: Angemessenheitskontrolle, Sachkontrolle, objektive Inhaltskontrolle, institutionelle Inhaltskontrolle, institutioneller und individueller Rechtsmißbrauch, Treuepflicht.

schaftsrecht das Mehrheitsprinzip zu akzeptieren. Liegt nicht die Gefahr auf der Hand, daß die Mehrheit allein für ihre Interessen sorgt und damit die Interessen der Minderheit verletzt?

aa) Ungeeignete Rechtfertigungen des Mehrheitsprinzips

Das Mehrheitsprinzip läßt sich sicher nicht mit der Idee rechtfertigen, daß der Mehrheitsbeschluß, weil an ihm viele kluge Köpfe beteiligt sind, eine besondere Richtigkeitsgewähr hat. Gegen eine solche Idee ist schon seit Alters der Satz von der pars maior und der pars sanior vorgetragen worden.

Ebensowenig läßt sich das Mehrheitsprinzip damit rechtfertigen, daß, weil man es nicht allen recht machen kann, eben die Mehrheit, weil mehr betroffen sind, soll entscheiden können. Das genau würde nämlich dazu führen, daß sich die jeweilige Mehrheit legitim auf Kosten der jeweiligen Minderheit bereichern könnte, indem sie durchgängig Beschlüsse zu ihrem Vorteil und zu Lasten der Minderheit trifft. In einem solchen System der Selbstbedienungsmöglichkeit der Mehrheit müßte der Minderheitsschutz in der Tat in Form durchgängiger richterlicher Kontrolle von Mehrheitsbeschlüssen gewährleistet werden, was jedoch zu einer unübersehbaren und alles lähmenden Prozeßflut führen würde.

bb) Interessengleichrichtung durch die gemeinsame Beteiligung ("Sitzen im gleichen Boot")

Daß man bei einer Kapitalgesellschaft vom Mehrheitsprinzip für Beschlüsse ausgehen kann und daß das nicht laufend zu einer Serie von Mißbräuchen führt, hat einen anderen und ganz einfachen Grund: Durch ihre Beteiligung sitzen in der Kapitalgesellschaft die Gesellschafter im Grundsatz alle im gleichen Boot. Trifft die Mehrheit Beschlüsse, die den Gesellschaftsinteressen abträglich sind, dann schädigt sie damit ihre Beteiligungsinteressen nicht minder als die Beteiligungsinteressen der Minderheit. Die Mehrheit muß sich daher im eigenen Interesse darum bemühen, sachgerechte und im Interesse der Gesellschaft liegende Beschlüsse zu fassen, und sie nimmt damit unvermeidlich zugleich die Interessen der Minderheit wahr. Sicher, es gibt immer Meinungsverschiedenheiten darüber, was im Interesse der Gesellschaft liegt. Die Mehrheit kann irren. Aber durch ihr mit der Minderheit gemeinsames Beteiligungsinteresse ist doch sichergestellt, daß sich die Mehrheit um sachgerechte Entscheidungen bemühen muß. Irrtümer lassen sich nicht ausschließen, da kann die Rechtsprechung auch nicht helfen, weil sie in der Regel auch nicht besser weiß, was im Gesellschaftsinteresse liegt als die unmittelbar selbst betroffenen Gesellschafter.[53] Daher muß der Rechtsprechung eine generelle Sachkontrolle von Mehrheitsbeschlüssen ebenso versagt sein wie eine generelle Kontrolle der Sachgerechtigkeit von Verträgen. Vielmehr ist die Selbstbetroffenheit in der Privatautonomie immer noch der beste Garant für Sachgerechtigkeit, nicht die richterliche Vormundschaft.

Soweit diese Interessengleichrichtung reicht, und das ist der Regelfall, ist die Gefahr der Verletzung der Minderheitsinteressen relativ gering.[54] Die Entscheidungsfindung im Rahmen der Beschlußfassung reguliert sich gewissermaßen von selbst und bedarf keiner eng geführten richterlichen Kontrolle. Daher kann sich das Recht bei der Beschlußkontrolle gewissermaßen auf „Ausreißer" beschränken. Und darauf ist der § 243 Abs. 2 AktG mit seiner Mißbrauchskontrolle gemünzt.

Insofern war es durchaus richtig, wenn das RG in der bereits erwähnten Hibernia-Entscheidung betonte, daß die Mehrheit des Aktienbesitzes über die Verwaltung der Gesellschaft und darüber entscheide, was im Interesse der Gesellschaft und ihrer Aktionäre zu tun oder zu lassen sei. Mit dieser Tatsache müsse sich jeder abgefunden haben, der Aktien erwerbe.[55]

c) Funktionsgrenzen des Mehrheitsprinzips und deren Kompensation

aa) Allgemeine Überlegungen

Das alles gilt allerdings nur, soweit man davon ausgehen kann, daß die durch die Beteiligungsinteressen gegebene grundsätzliche Interessengleichrichtung besteht. Diese grundsätzliche Interessengleichrichtung ist gewissermaßen das Funktionsprinzip des Mehrheitssystems. Besteht sie nicht, wie etwa dann, wenn es um Entscheidungen geht, bei welchen es um eine gesellschaftsinterne Verschiebung von Rechten und Pflichten geht, oder wird die Interessengleichrichtung innerhalb der Gesellschaft von externen Interessen der Mehrheit überlagert, die den gemeinsamen Interessen zuwiderlaufen, dann kann nicht mehr als Regel davon ausgegangen werden, daß die Minderheitsinteressen durch

---

[53] Anders *Leenen*, 2. Festschrift Larenz, 1983, S. 385 mit Fn. 50.

[54] Zur Interessengleichrichtung als Grundlage des Mehrheitsprinzips beiläufig bereits *Wiedemann*, Gesellschaftsrecht (oben Fn. 4), § 8 I 1; auch *Kropff* in Lutter/Semler, Rechtsgrundlagen freiheitlicher Unternehmenswirtschaft, 1991, S. 71, 73 f.; *Emmerich/Sonnenschein*, Konzernrecht, 6. Aufl., 1997, § 1 III 5 a; von der interessenausgleichenden Wirkung der Mehrheitsbildung, der eine ähnliche „Richtigkeitsgewähr" zugesprochen werde wie einem ausgehandelten Vertrag, spricht *Wiedemann*, Gesellschaftsrecht (oben Fn. 4), § 8 I 1.

[55] RGZ 68, 235, 254 f.

gleichgerichtete Interessen der Mehrheit mitverfolgt werden. Es besteht vielmehr die naheliegende Gefahr, daß die Mehrheit Entscheidungen trifft, die auf Kosten der Minderheit gehen. Folgerichtig muß hier das Recht zu einer anderen Lösung greifen und kann nicht einfach auf die Mißbrauchskontrolle nach § 243 Abs. 2 AktG verweisen.

bb) Beispiele

Das geschieht auf verschiedenen Wegen.

(1) Einschränkung von Rechten einer Aktionärsminderheit: Sonderbeschluß

Wenn etwa die Interessengleichrichtung deshalb gefährdet ist, weil das Verhältnis mehrerer Aktiengattungen untereinander neu bestimmt werden soll, etwa die Rechte der Vorzugsaktionäre beschnitten werden sollen zu Gunsten der Stammaktionäre, dann bestünde natürlich die naheliegende Gefahr, daß die Mehrheit der Stammaktionäre die Minderheit der Vorzugsaktionäre einfach „unterbuttern" würde. Daher verlangt das AktG in diesem Fall, daß nicht nur die Stammaktionäre einen entsprechenden Beschluß fassen, sondern daß die betroffenen Vorzugsaktionäre zusätzlich in Form eines sog. Sonderbeschlusses mit qualifizierter Mehrheit zustimmen. Nur wenn auch die in der Regel in der Minderheit befindlichen Vorzugsaktionäre in getrennter Abstimmung mit qualifizierter Mehrheit zustimmen, kommt ein entsprechender satzungsändernder Beschluß zustande.

Das Gesetz erkennt also sehr gut die Funktionsgrenzen des reinen Mehrheitsprinzips. Jenseits dieser Grenzen setzt es aber dennoch nicht einfach die materielle Beschlußkontrolle am Maßstab von Treu und Glauben ein, sondern es sucht nach adäquaten Ersatzlösungen, die ohne eine solche enge richterliche Beschlußkontrolle auskommen. Es versucht, den Funktionsmechanismus oder genauer: den Selbstregulierungsmechanismus, wie er aus der grundsätzlichen Interessengleichrichtung der Aktionäre folgt, durch die Korrektur des Erfordernisses des Sonderbeschlusses aufrecht zu erhalten.

Dieser sich hier andeutende Vorrang der Aufrechterhaltung oder Anpassung des Selbstregulierungsmechanismus vor der richterlichen Beschlußkontrolle am Maßstab von Treu und Glauben erscheint mir außerordentlich wichtig, weil er zeigt, daß man bei Rechtsfortbildungen in diesem Bereich den Funktionsgedanken des Mehrheitsprinzips herausarbeiten und primär nach Lösungen suchen muß, die den Selbstregulierungsmechanismus aufrecht erhalten.

Der Weg des Sonderbeschlusses ist allerdings nur in dem geschilderten Fall der Veränderung des Verhältnisses der Aktiengruppen untereinander sachgerecht und gangbar. Er scheitert in dem zweiten Problembereich, den ich genannt habe,[56] nämlich der Überlagerung der Beteiligungsinteressen durch andere, nämlich externe Interessen, die aktuell oder potentiell gegenläufig sind. Denn die Interessengleichrichtung unter den Gesellschaftern als Garant für das Funktionieren des Mehrheitsmodells läuft Gefahr ausgehebelt zu werden, wenn die Mehrheit neben den an sich gleichgerichteten Beteiligungsinteressen innerhalb der Gesellschaft für sie finanziell viel gewichtigere Interessen außerhalb der Gesellschaft verfolgt und wenn diese externen Interessen im Kollisionsfall das Opfer der eigenen Beteiligungsinteressen leicht aufwiegen. Dann wird sich die Mehrheit bei Abstimmungen nach ihren überwiegenden Interessen verhalten und das auch auf Kosten der Minderheit.

(2) Gravierende Interessenkollisionen: Stimmrechtsausschluß
Der naheliegendste, aber keinesfalls wichtigste Fall der Reaktion des Rechts auf die Gefahr des Überwiegens externer Interessen ist der des Stimmrechtsausschlusses bei Interessenkollision. Geregelt in den §§ 136 Abs. 1 AktG, 47 Abs. 4 GmbHG betrifft er allerdings keineswegs alle Fälle der Interessenkollision, sondern nur ganz spezifische Fälle, in welchen es um Entscheidungen über Entlastung, Befreiung von einer Verbindlichkeit oder Geltendmachung eines Anspruchs des bzw. gegen den betreffenden Gesellschafter geht. Hier schließt das Kapitalgesellschaftsrecht den Betroffenen gänzlich vom Stimmrecht aus, weil nicht erwartet werden kann, daß er bei der Abstimmung den gesellschaftsgebundenen Interessen folgen würde, wenn dies auf Kosten seiner gesellschaftsexternen Interessen ginge; denn die Abwehr persönlicher Nachteile, die er zu 100 Prozent zu tragen hätte, ginge zu Lasten seiner gesellschaftsgebundenen Interessen, an denen er nur anteilig partizipiert.
Der Stimmrechtsausschluß ist allerdings eine radikale Maßnahme, weil sie dazu führt, daß selbst ein Mehrheitsgesellschafter die Entscheidung der Gesellschaft den übrigen Gesellschaftern, möglicherweise nur einer kleinen Minderheit, überlassen muß. *Zöllner* hat daher schon früh gezeigt, daß man im Stimmrechtsausschluß keine allgemeine Lösung von Interessenkonflikten finden kann, namentlich nicht für körperschaftsrechtliche Rechtsgeschäfte, sondern daß eine Erweiterung des gesetzlichen Tatbestands des Stimmrechtsausschlusses nur auf Maßnahmen möglich ist, die aus wichtigem Grund gegen den Gesellschafter getroffen werden.[57]

---

[56] Oben aa.
[57] *Zöllner,* Die Schranken mitgliedschaftlicher Stimmrechtsmacht bei den privatrechtlichen Personenverbänden, 1963, S. 267; *ders.* in Baumbach/Hueck,

Wichtig im vorliegenden Zusammenhang ist aber, daß das AktG wiederum nicht die Beschlußkontrolle als Heilmittel einsetzt, sondern eine Regel, welche die Selbstregulierung der Gesellschaft aufrechterhält.

(3) Abhängigkeits- und Konzernsachverhalte: Abfindung, Ausgleich
Die andere Fallgestaltung, in welcher externe Interessen die Funktionsvoraussetzungen des Mehrheitsbeschlusses gefährden, ist der typische Fall der Abhängigkeit von einem Mehrheitsgesellschafter, der neben seinem Beteiligungsinteresse an der fraglichen Aktiengesellschaft potentiell gegenläufige unternehmerische Interessen hat. Dann besteht die naheliegende Gefahr, daß der Mehrheitsgesellschafter seine Beteiligungsinteressen an der fraglichen Aktiengesellschaft seinen gegenläufigen unternehmerischen Interessen außerhalb dieser Gesellschaft opfert.[58] Die Gefahr verstärkt sich, wenn sich die Abhängigkeit zur einheitlichen Leitung verdichtet.[59] Als Beispiel will ich hier nur die allbekannten Konzernverrechnungspreise nennen.

Auch das Problem kennt unser AktG. Es behandelt den Fall als Konzernsachverhalt und hält dafür eigene Regeln bereit (§§ 291 ff.; 311 AktG). Wie diese beschaffen sind und ob sie insbesondere bei der Frage der Konzernbildung (Konzerneingangsschutz) ausreichen,[60] soll hier nicht weiter behandelt werden, weil es mir an dieser Stelle nur um die Erkenntnis geht, daß das Recht für den Fall, in welchem die Funktionsbedingungen des Mehrheitsmodells nicht ausreichend gesichert sind, Sonderregeln bereithält.

cc) Beschlußkontrolle als Reaktion auf Störungen
der Funktionsvoraussetzungen des Mehrheitsprinzips?

Eine weitere Möglichkeit der Reaktion auf Funktionsstörungen des Mehrheitsprinzips ist die in den vorstehenden Überlegungen zunächst zurückgedrängte, Mehrheitsbeschlüsse einer verschärften Kontrolle zu unterwerfen.[61] Der BGH hat für einzelne Beschlußgegenstände der Hauptversammlung der Aktiengesellschaft die Forderung aufgestellt, sie bedürften zu ihrer Wirksamkeit eines sachlichen Grundes in der In-

---

GmbHG, 17. Aufl. 2000, § 47 Rn. 51; vgl. auch *Wiedemann*, Gesellschaftsrecht (oben Fn. 4), § 8 I 4 b.
[58] Vgl. nur *Kropff* in Lutter/Semler (oben Fn. 54), S. 73. Zu den gesellschaftsrechtlichen Gefahren der Abhängigkeit auch *Emmerich/Sonnenschein*, Konzernrecht (oben Fn. 54), § 1 III 5 b.
[59] Dazu statt anderer Wiedemann, Gesellschaftsrecht (oben‚Fn. 4), § 6 IV 2 a.
[60] Dazu etwa *Wiedemann*, Gesellschaftsrecht (oben Fn. 4), § 8 III 3 a.
[61] So schon *Leenen*, 2. Festschrift Larenz (oben Fn. 53), S. 392.

teressenlage der Gesellschaft. Zu diesen Beschlußgegenständen hat der BGH zunächst vor allem den Ausschluß der Aktionäre von Bezugsrechten für neue Aktien gerechnet,[62] dann auch für die Ermächtigung des Vorstands zur Ausgabe neuer Aktien unter Ausschluß des Bezugsrechts[63] und weiter auch für die Befreiung eines Gesellschafter-Geschäftsführers einer GmbH vom Wettbewerbsverbot.[64] Grundlage und Berechtigung dieser Rechtsprechung sind allerdings nach wie vor nicht geklärt. Während in der Literatur zunächst die Verschärfung der Kontrolle überwiegend Zustimmung fand,[65] sind inzwischen auch wieder kritische Töne festzustellen.[66] Auch der BGH scheint unter dem neuen Vorsitzenden des Gesellschaftsrechtssenats langsam „zurückzurudern".[67]

In der Tat sind die von der Rechtsprechung für die verschärfte Beschlußkontrolle angeführten Gründe[68] nie recht überzeugend gewesen, weil sie auch für die Mehrheit gelten und daher nicht erklären, warum die Mehrheit die mit dem Bezugsrechtsausschluß potentiell verbundenen Nachteile in Kauf nehmen sollte, wenn letztere nicht durch eine Förderung des gemeinsamen Unternehmensinteresses aufgewogen werden. Auch beim Beschluß über den Bezugsrechtsausschluß sitzen die Gesellschafter also grundsätzlich in einem Boot. Der Beschlußgegenstand Bezugsrechtsausschluß sagt daher nichts Endgültiges über das Funktionieren oder Nichtfunktionieren des Mehrheitsprinzips. Dessen Funktion wird vielmehr erst beeinträchtigt, wenn sich die Mehrheit Vorteile auf Kosten der Minderheit oder des Unternehmensinteresses verschaffen kann, welche die mit dem Bezugsrechtsausschluß auch für die Mehrheit bezüglich ihres Beteiligungsinteresses verbundenen Nachteile überwiegen. Das könnte der Fall sein, wenn der Bezugsrechtsausschluß zu Gunsten der Mehrheit oder eines von ihr beherrschten Unternehmens erfolgt, nicht aber,

---

[62] BGHZ 71, 40, 45 – Kali & Salz.

[63] BGHZ 83, 319, 325 – Holzmann.

[64] BGHZ 80, 69, 74 – Süßen; auch BGHZ 89, 162, 166.

[65] *Lutter*, ZGR 1979, 401 u. ZGR 1981, 171; *ders.* in Kölner Komm AktG, 2. Aufl. 1995, § 186 Rn. 61; *Wiedemann*, ZGR 1980, 147, 156 ff.; *ders.*, Gesellschaftsrecht (oben Fn. 4), § 8 III 2 b; *ders.*, Großkomm AktG, 4 Aufl. 1994, § 186 Rn. 134 f.; *Zöllner*, Schranken (oben Fn. 57), S. 352 f.; *Hüffer*, AktG (oben Fn. 39), § 186 Rn. 25.

[66] *Kübler*, WM 1994, 1970; *Mülbert*, Aktiengesellschaft, Unternehmensgruppe und Kapitalmarkt, 2. Aufl. 1996, S. 310 ff.; unter europarechtlichen Gesichtspunkten auch *Kindler*, ZHR 158 (1994), S. 339, 358 ff.

[67] BGHZ 125, 239; ZIP 1997, 1499 – Siemens/Nold.

[68] Verwässerungsgefahr, Verschiebung der Stimmrechtsquoten, Verlust von Sperrminoritäten, vgl. BGHZ 71, 44 f.

wenn der Bezugsrechtsausschluß etwa nur der Schaffung von Beleg-
schaftsaktien dient.

Wenn es also nicht die Gefährlichkeit des Beschlußgegenstandes ist,
welche die Beschlußkontrolle rechtfertigt, sollte man auf Grund der
Funktionsüberlegungen zum Mehrheitsprinzip daher eher fragen, ob
der Rechtsprechung Sachverhalte zu Grunde lagen, in welchen der
Schutz der durch die gemeinsame Beteiligung gegebenen Interessengleichrichtung typischerweise nicht gegeben war. Das kann, aber muß
nicht notwendig vom Gegenstand des Beschlusses abhängen, sondern
es kann auch auf einer typisierbaren Interessenlage beruhen, die gewissermaßen die Sicherung des Mehrheitsprinzips „durchbrennen läßt“.
Auch hier zeigt sich m.E., daß man mit einer funktionalen Denkwei-
se durchaus weiter kommen könnte.[69]

3. Eigenkapitalersetzende Gesellschafterdarlehen

Lassen Sie mich den Wert oder Unwert des funktionalen Gedankens
noch an einem weiteren gesellschaftsrechtlichen Bereich erproben: dem
der eigenkapitalersetzenden Gesellschafterdarlehen.[70]

a) Das Problem

Bei den eigenkapitalersetzenden Gesellschafterdarlehen geht es darum, daß Gesellschafter, die einer GmbH, die sich in einer finanziellen
Krise befindet, Darlehen gegeben haben, diese Darlehen nicht zurück-
fordern können, solange die Krise nicht überwunden ist. Sie dürfen vor
allem, wenn die Gesellschaft insolvent wird, ihre Darlehen nicht mit
demselben Rang als Insolvenzforderung anmelden wie sonstige Gesell-
schaftsgläubiger.

Das steht heute in der gesetzlichen Regelung des § 32 a GmbHG, es beruht jedoch auf einer vorangegangenen Rechtsprechung des Bundesge-
richtshofs, die dieser über viele Jahre hin entwickelt und verfeinert hat.

Ausgangspunkt war der bekannte Lufttaxi-Fall.[71] Eine GmbH betrieb Rundflüge, Reklameflüge, medizinische Höhenflüge usw. Sie war
mit dem damaligen Mindeststammkapital von 20 000,– DM gegründet
worden. Da die Geschäfte offenbar schlecht gingen, waren die 20 000,–

---

[69] Dazu unten IV 3.
[70] Dazu schon *Fastrich*, FS Zöllner 1998, S. 143 ff.
[71] BGHZ 31, 258 ff.

DM bereits nach 3 Monaten verbraucht. Sie konnte ihren Betrieb nur fortsetzen, weil ihr ein Gesellschafter laufend darlehensweise Geld zur Verfügung stellte. Insgesamt stellte der Gesellschafter der Gesellschaft, bis sie in Konkurs fiel, rund 56 000,- DM zur Verfügung. Einen Teil dieses Betrags, ca. 25 000,- DM, hatte er allerdings im Wege der Darlehensrückzahlung wieder zurückerhalten. Es ging nun um die Frage, ob der Gesellschaft seine restliche Darlehensforderung als Konkursforderung geltend machen konnte oder ob er im Gegenteil dem Konkursverwalter die auf seine Darlehen zurückerhaltenen 25 000,- DM sowie die auf die Darlehen gezahlten Zinsen zurückerstatten mußte.

b) Die fehlende Widersprüchlichkeit des angeblich widersprüchlichen Verhaltens

Eine besondere gesetzliche Regelung über Gesellschafterdarlehen gab es damals im GmbHG nicht. Man hätte daher zunächst annehmen können, daß der Gesellschafter zu behandeln ist wie jeder andere Darlehensgeber auch: Soweit er vor Konkurseröffnung Zinsen und Darlehensrückzahlungen erhalten hat, hat er Glück gehabt. Im übrigen nimmt er mit seiner restlichen Darlehensrückzahlungsforderung am Konkursverfahren als Konkursgläubiger teil und erhält die Quote, die meist nahe Null liegt.

Der BGH hat anders entscheiden und damit eine Rechtsentwicklung angestoßen, die bis heute nicht zur Ruhe gekommen ist. Er hat nämlich gesagt[72] und dies später mehrfach wiederholt,[73] daß ein Gesellschafter, welcher der Gesellschaft Gelder darlehensweise zur Abwendung der Konkursantragspflicht zur Verfügung gestellt habe, der Gesellschaft belassen müsse, bis der Zweck endgültig erreicht sei. Er handle widersprüchlich, wenn er das Darlehen vor endgültiger Beseitigung der Krise zurückfordere.

Was daran so widersprüchlich ist, wenn man als Gesellschafter der Gesellschaft ein Darlehen gibt und es wieder zurückfordert, hat mir allerdings nie recht einleuchten können. Denn es ist eindeutig, daß ein Gesellschafter nicht verpflichtet ist, seine Gesellschaft in bestimmter Art und Weise zu finanzieren. Das hat auch der BGH immer wieder betont. Wenn man aber als Gesellschafter frei entscheiden kann, ob man der Gesellschaft etwa im Wege der Kapitalerhöhung Eigenkapital zufügt, oder ihr im Wege des Darlehens Fremdkapital zur Verfügung

---

[72] BGHZ 32, 272.
[73] BGHZ 67, 174; 75, 336; 90, 385.

stellt, und wenn man sich dementsprechend aus steuerlichen Gründen wie aus Gründen des geringeren Risikos für das Darlehen als Fremdkapital entscheidet, dann ist es doch nicht widersprüchlich, daß man das Darlehen zurückfordert, wenn man erkennt, daß die Gesellschaft nicht zu halten ist. Das würde jeder Fremdgläubiger ebenso machen, und mit der grundsätzlichen Anerkennung der Finanzierungsfreiheit der Gesellschafter muß man ihnen auch konsequenterweise die Möglichkeit zubilligen, sich wie ein Fremdgläubiger zu verhalten. Widersprüchlich ist das dann nicht. Es ist schlicht Konkursverschleppung.

Die Begründung des BGH stimmt einfach nicht. Sie gilt aber bis heute als Grundlage der seit 1980 auch gesetzlich fixierten Regelung der Rückstufung der Gesellschafterdarlehen in der Insolvenz.

c) Die Außerkraftsetzung der Selbstregulierung als der entscheidende Grund

Ich möchte versuchen, eine plausiblere Begründung für die Rechtsprechung des BGH und der heutigen gesetzlichen Regelung mit Hilfe des Funktionsgedankens zu finden. Hierzu möchte ich zunächst den vom Gesetzgeber des GmbHG zugrundegelegten Funktionsmechanismus untersuchen, dann fragen, ob und ggf. warum dieser Funktionsmechanismus gestört wurde und wie der gestörte Funktionsmechanismus wieder in Gang gesetzt werden kann. Ich beginne meine Überlegungen also zu dem Rechtszustand vor Inkrafttreten der gesetzlichen Regelung über die Gesellschafterdarlehen durch die §§ 32 a, 32 b GmbHG.

aa) Der Funktionsgedanke der gesetzlichen Regelung

Lassen Sie mich zunächst die Frage stellen, warum es überhaupt möglich ist, Kapitalgesellschaften ohne Schuldenhaftung der Gesellschafter ins Leben zu rufen, ohne daß damit die Gläubiger zu sehr gefährdet werden. Die Idee, die dem zugrunde liegt, ist doch offenbar die, daß der Gesellschaft einerseits ein Startkapital als Eigenkapital zur Verfügung gestellt werden muß, damit nicht bereits ihre erste Aktivität, die mit Aufwendungen verbunden ist und nicht sofort zu entsprechenden Einnahmen führt, in der Insolvenz endet. Die Gesellschaft braucht ein gewisses Eigenkapitalpolster. Andererseits sollen das Insolvenzverfahren und die Insolvenzantragspflicht dazu führen, daß nicht mehr lebensfähige Gesellschaften, die überschuldet sind, möglichst schnell aus dem Verkehr gezogen werden, damit für die Gläubiger noch eine möglichst hohe Quote verbleibt.

bb) Anzeichen für eine Funktionsstörung

Dieses vom Gesetz zugrunde gelegte System hat noch nie besonders gut funktioniert. Die Zahl der Insolvenzen ist schon immer bei der GmbH erschreckend hoch gewesen, und noch erschreckender war und ist, daß die GmbH und die GmbH&Co. KG in wirklich ganz erschreckendem Maße die Statistik der masselosen Insolvenzen anführt. Sucht man nach den Ursachen, so hat das sicher viele Gründe, die teils in der meist fehlenden Professionalität der Gesellschafter und Geschäftsführer liegen, teils in der chronisch geringen Eigenkapitalausstattung begründet sind, teils in fehlenden externen Kontrollen des Jahresabschlusses u.s.w. Was jedoch darüber hinaus auffällig war und ist, ist die Tatsache, daß bei den meisten masselosen Insolvenzen der GmbH die Gesellschafterdarlehen offenbar Ursache dafür waren, daß die bereits insolvenzreife Gesellschaft noch so lange, teilweise über Jahre, hingeschleppt wurde, bis absolut nichts mehr da war, Zahlungsunfähigkeit eintrat und das Insolvenzverfahren dann mangels Masse abgewiesen werden mußte, weil nicht einmal soviel aktive Masse vorhanden war, daß die Verfahrenskosten gedeckt werden konnten.

cc) Außerkraftsetzung der Außenkontrolle durch Fremdkapitalgeber

Offenbar ist es also so, daß die Gesellschafterdarlehen in ganz besonderem Maße den vom Gesetzgeber gedachten Mechanismus von Eigenkapital und Insolvenzantragspflicht außer Kraft setzen. Und ich meine, es müßte sich doch lohnen, die Gründe dafür zu ermitteln, weil man dann überlegen kann, wo Heilungs- oder Korrekturmöglichkeiten liegen. Warum setzen die Gesellschafterdarlehen den Mechanismus von Eigenkapital und Insolvenzantragspflicht außer Kraft?

Zunächst ist das nicht recht erklärlich. Die Zuführung von Gesellschafterdarlehen führt zwar zu einer Verbesserung der Liquidität und schiebt damit den Zeitpunkt der Zahlungsunfähigkeit heraus. Aber an der Insolvenzantragspflicht wegen Überschuldung ändert sie an sich wenig.[74] Wenn eine GmbH, die mit Gesellschafterdarlehen am Leben gehalten wurde, schließlich masselos unter einem riesigen Schuldenberg zusammenbricht, dann kann man an sich davon ausgehen, daß sie seit längerem überschuldet war und der Insolvenzantrag verschleppt wurde.

---

[74] An dieser Stelle sollen noch die möglichen abweichenden Konsequenzen, die sich aus der gesetzlichen Rückstufung der Gesellschafterdarlehen in §§ 32 a GmbHG, 39 InsO ergeben, außer Betracht bleiben.

Das wäre nur anders, wenn die darlehensgebenden Gesellschafter für ihr Darlehen für den Insolvenzfall einen Rangrücktritt erklärt hätten. Dann müßten diese Darlehen bei der Frage der Insolvenzantragstellung wegen Überschuldung nicht berücksichtigt werden,[75] dann würde es aber auch einer besonderen Regelung bezüglich dieser Darlehen nicht bedürfen, weil diese bereits auf privatautonomer Grundlage in der Insolvenz nicht geltend gemacht werden könnten. Die ganze Erfindung des Kapitalersatzrechts wäre insoweit überflüssig.

Möglicherweise gibt es jedoch noch einen weiteren Grund für das Versagen des Mechanismus von Eigenkapital und Insolvenzantragspflicht. Das System der Unternehmensfinanzierung funktioniert nämlich nicht im freien Raum, sondern ist eingebettet in das System der Marktwirtschaft. Ebenso, wie man beim Vertrag Fehlfunktionen vielfach erst vor dem Hintergrund des Marktes erklären kann,[76] den die Väter des BGB unreflektiert einfach zugrunde gelegt haben, ergibt sich der vollständige Funktionszusammenhang von Eigenkapital und Insolvenzantragspflicht erst vor dem Hintergrund der durch den Markt bewirkten Außenkontrolle.

Das Grundproblem der Darlehensfinanzierung in der Krise ist nämlich ein solches der Außerkraftsetzung der Außenkontrolle[77]: Das System des festen Stammkapitals unter Ausschluß weitergehender Gesellschafterhaftung beruht auf der ungeschriebenen Erwartung, daß die Kräfte des Kapitalmarkts und die betriebswirtschaftlichen Erfordernisse regelmäßig von selbst dafür sorgen, daß die Gesellschaft entweder mit dem zum Betrieb ihres Unternehmens erforderlichen Eigenkapital ausgestattet wird oder bei unzureichender Eigenkapitalausstattung im Fall des wirtschaftlichen Fehlschlags so rechtzeitig in die Insolvenz getrieben wird, daß noch ausreichende Masse zur Bedienung der Insolvenzgläubiger verbleibt. Eine GmbH, die ihren Fremdkapitalbedarf am Markt nicht mehr decken kann, weil ihr die Kreditgeber keine ausrei-

---

[75] Dazu statt anderer *K. Schmidt*, Gesellschaftsrecht (oben Fn. 4), § 37 IV 5 b; *Schulze-Osterloh* in Baumbach/Hueck (oben Fn. 57), § 64 Rn. 18 ff.

[76] Dazu *Fastrich*, Richterliche Inhaltskontrolle im Privatrecht, 1992, S. 86, 218; zur Bedeutung des Wettbewerbs im Rahmen der AGB-Problematik *Drexl*, Die wirtschaftliche Selbstbestimmung des Verbrauchers, 1998, S. 332 ff.; die Bedeutung des Wettbewerbs für die prozedurale Gewährleistung der Vertragsgerechtigkeit betont ferner *Canaris*, AcP 200 (2000), S. 273, 294.

[77] Zum Folgenden ansatzweise bereits *Lutter*, Rechtsverhältnisse zwischen den Gesellschaftern und der Gesellschaft, in: Probleme der GmbH-Reform, 1970, S. 76 f.; *Hueck/Lutter/Mertens/Rehbinder/Ulmer/Wiedemann/Zöllner*, Arbeitskreis GmbH-Reform, Thesen und Vorschläge zur GmbH-Reform, Bd. II 1970, S. 18.

chende Chance mehr einräumen, wird, wenn die Gesellschafter nicht
einspringen, alsbald illiquide und muß daher in absehbarer Zeit Insolvenzantrag stellen. Da die Fremdkapitalgeber ihr Risiko in der Regel
analysieren und beobachten[78], wirken die Kapitalmarktmechanismen
an sich einem ewigen Sich-Weiterschleppen einer nicht mehr profitab-
len Gesellschaft entgegen. Die Kreditgeber „drehen den Kredithahn
zu", wenn die Gesellschafter nicht durch Nachschuß von Eigenkapital
die finanzielle Grundlage der Gesellschaft verbessern. Sie sorgen damit
zugleich dafür, daß die erfolglose Gesellschaft nicht ewig weitere
Schulden aufhäuft, sondern in die Liquidation gezwungen wird.

Dieser Regelungsmechanismus wird gestört und teilweise außer
Kraft gesetzt, wenn der Eigenkapitalbedarf der Gesellschaft durch
Fremdkapital aus Gesellschafterhand gedeckt wird. Denn den Gesellschaftern fehlt einerseits häufig die Objektivität des Fremdkreditgebers
gegenüber den Erfolgsaussichten der eigenen Gesellschaft. Vor allem
aber verliert der Gesellschafter durch ein einem sonstigen Fremdkreditgeber entsprechendes risikokritisches Verhalten seine Beteiligungs-
werte und häufig auch seine Lebensgrundlage. Beides führt dazu, daß
Gesellschafter sich als Darlehensgeber in der Regel gerade nicht wie
Fremdkreditgeber verhalten, sondern die Gesellschaft auch dann noch
stützen, wenn Drittkreditgeber hierzu nicht mehr bereit wären und die
Gesellschaft damit in die Liquidation zwängen.

Durch die Darlehensfinanzierung der Gesellschafter wird daher,
ohne die Regeln des Eigenkapitalersatzes, weder die Eigenkapitalbasis
der Gesellschafter gestärkt, noch in der Krise der Marktmechanismus
des Fremdkapitals in Gang gesetzt. Vielmehr wird die Fortexistenz der
Gesellschaft unter Ausschaltung des Marktregulativs gewährleistet.
Dies geht letztlich auf Kosten der anderen Gläubiger, deren Befriedi-
gungschancen sich durch die kreditfinanzierte Weiterführung der nach
Marktgrundsätzen so nicht mehr überlebensfähigen Gesellschaft weiter verschlechtert.

dd) Wiederherstellung des Funktionszusammenhangs durch das Kapitalersatzrecht

Worin liegt nun die Lösung? Und inwieweit läßt sie sich im Rahmen
der Grenzen der Rechtsfortbildung durchführen?

Naheliegend wäre es, rechtlich beim Insolvenzrecht anzusetzen.
Sind Gesellschafterdarlehen Fremdkapital, dann müssen sie eben in der
Überschuldungsrechnung als Passiva auftauchen. Werden sie nicht be-

---

[78] Vgl. nur *Drukarczyk*, Festschrift Moxter, 1994, S. 1231, 1239.

rücksichtigt, dann liegt entweder ein erklärter Rangrücktritt vor oder Insolvenzverschleppung. Im ersten Fall kann der Gesellschafter sein Darlehen im Insolvenzfall nicht mehr geltend machen, im letzten haftet der insolvenzantragspflichtige Geschäftsführer.

Die Rechtsprechung ist überraschenderweise diesen naheliegenden Weg nicht gegangen; möglicherweise aus negativen Erfahrungen mit der Effektivität der Haftung wegen Insolvenzverschleppung. Sie ist vielmehr einen anderen Weg gegangen.

Der BGH hat in zahlreichen Entscheidungen den Grundsatz aufgestellt, der Gesellschafter solle in der Krise vor die Wahl gestellt werden, entweder durch Nichtgewährung oder Abzug der Fremdmittel die Gesellschaft fallen zu lassen und sie damit in die Liquidation zu zwingen oder ihr die Mittel, die er zur Behebung der Krise gegeben habe, solange zu belassen, bis die Krise nachhaltig überwunden sei.[79] In der Sache stellt der BGH damit auf den Funktionszusammenhang zwischen Eigenkapital, Außenkontrolle des Kreditmarkts und Insolvenzantragsnotwendigkeit ab. Er verlangt nämlich, daß sich der Gesellschafter, wenn er den Fremdkapitalcharakter seines Gesellschafterdarlehens erhalten will, wie ein fremder Kreditgeber verhält. Verhält er sich nicht wie ein Drittkreditgeber, der die Gesellschaft in der Krise in die Liquidation zwingt, dann wird sein Stützungsbeitrag im Interesse der Gläubiger zu nachrangigem Haftkapital. Letzteres soll sicherstellen, daß die GmbH vom Eintritt der Krise an nicht auf Kosten der Gläubiger weiterbetrieben werden kann, indem sie weiter Schulden auf Schulden häuft, sondern daß nach Eintritt der Krise die Fortsetzung der unternehmerischen Tätigkeit auf Kosten des die Gesellschaft stützenden Gesellschafters geht.[80]

Das zeigt ganz deutlich, daß der BGH tatsächlich in den hier herausgearbeiteten Funktionszusammenhängen denkt. Entsprechend kommt dem maßgebenden Zeitpunkt, dem der Krise, besondere Bedeutung zu. Der BGH bestimmt den Zeitpunkt, funktional folgerichtig, als den der Kreditunwürdigkeit, also den Zeitpunkt, zu dem Dritte der Gesellschaft zu normalen Konditionen keinen Kredit mehr geben würden.[81] Damit knüpft er in einer Art „Als-Ob-Betrachtung" an Kapitalmarktkriterien an, nämlich die Bewertung des Standes des Unternehmens durch am Kapitalmarkt tätige Kreditgeber. Dem Gesellschafter

---

[79] BGHZ 109, 55, 57 f.; 90, 381, 389; 81, 252, 257; 76, 326, 329; 75, 334, 336 f.; 67, 171, 174 f.; Hachenburg/*Ulmer*, GmbHG, 8. Aufl. 1992, §§ 32 a/b Rn. 8.
[80] BGHZ 76, 326, 335; Hachenburg/*Ulmer*, GmbHG (oben Fn. 79), §§ 32 a/b Rn. 8.
[81] BGHZ 76, 326, 330; 81, 255; 90, 390; 105, 184 und oft.

wird bei Meidung der Rückstufung seiner Finanzierungsleistung aufgegeben, sich wie ein Drittgläubiger zu verhalten[82]. Verhält er sich so, wird die Störung des Mechanismus des Fremdkapitalmarkts verhindert. Stützt er dagegen die Gesellschaft in der Krise und schaltet er damit den Mechanismus des Fremdkapitalmarkts teilweise aus, dann kann ihm dies nur entweder auf dem Wege der echten Eigenkapitalzuführung oder mindestens der Übernahme des Eigenkapitalrisikos durch Rückstufung in der Insolvenz erlaubt werden. Entweder wird die Gesellschaft also rechtzeitig liquidiert oder die Stützung erfolgt durch den Gläubigern haftendes Kapital.

Das war natürlich als Rechtsfortbildung im Hinblick auf die zunächst fehlenden Ansätze im geltenden Recht ziemlich gewagt. Kann man wirklich vom Gesellschafter das Verhalten eines Drittgläubigers erwarten? Und hat das daraus entwickelte Postulat der Finanzierungsverantwortung oder Finanzierungsfolgenverantwortung eine ausreichende Chance, seinerseits zu funktionieren, also das Zusammenspiel von Eigenkapital, Marktkontrolle und Insolvenzantrag für die Gesellschafterdarlehen wieder in Funktion zu setzen? Ich habe da meine Zweifel.[83] Das ist hier aber nicht meine Fragestellung. Mir geht es hier nur darum zu zeigen, daß die funktionelle Sicht durchaus auf Ansätze in der Rechtsprechung verweisen kann, die nur als solche nicht erkannt sind und daher in der Rechtsprechung unter rechtsethischen Postulaten von Treu und Glauben und widersprüchlichem Verhalten verdeckt sind. Dieser Rückgriff gewissermaßen auf den individuellen Vorwurf verschleiert, daß es gar nicht um einen individuellen Vorwurf, daß es nicht um ein widersprüchliches Verhalten des einzelnen Gesellschafters geht, der sich vielmehr durchaus konsequent verhält. Die von der Rechtsprechung entwickelte Verhaltensforderung resultiert vielmehr allein aus der Erkenntnis der Dysfunktionalität, und sie versucht, die Regel zu entwickeln, die ihr erforderlich erscheint, um die gestörte Funktion der Außenkontrolle wieder in Kraft zu setzen. Man spricht daher heute bereits von einem Schutzsystem[84] des Kapitalersatzrechts.

---

[82] *Rowedder*, GmbHG, 3. Aufl. 1997, § 32 a Rn. 43.
[83] Näher dazu *Fastrich*, (oben Fn. 70), S. 155 ff.
[84] So etwa *Lutter/Hommelhoff*, GmbHG, 15. Aufl. 2000, §§ 32 a/b Rn. 1.

III. Gesellschaft als Funktionsmechanismus;
Selbstregulierung – die häufig übersehene Funktion

Nach diesen Beispielen für funktionales Denken stellt sich natürlich die Frage nach der dahinter stehenden Theorie. Wenn funktionales Rechtsdenken etwas aussagen soll über die Erhaltung und Verteidigung der Funktionsfähigkeit der Gesellschaften als Teilsystemen unserer Rechtsordnung, dann scheint meine Fragestellung eine institutionelle Theorie der Gesellschaftsformen vorauszusetzen, denn nur, wenn man eine Funktion der Gesellschaftsformen kennt, kann man die Funktion schützen.

1. Abgrenzung zur Institutionentheorie

Theorien zur Funktion der verschiedenen Gesellschaftsformen sind vor allem in den 70er Jahren vertreten worden,[85] und es ist ihnen der Vorwurf gemacht worden, sie krankten an einem ständigen Begründungsdefizit. Welche Zwecke die Rechtsordnung einem gesellschaftsrechtlichen Institut zugedacht habe, lasse sich kaum verifizieren.[86] Diese Kritik ist sicher berechtigt.[87] Sie trifft allerdings nur die Institutionenlehren, die versucht haben, das Gesellschaftsrecht den wirtschaftsverfassungsrechtlichen Zielsetzungen unmittelbar zu unterwerfen und hieraus Schranken der Institutionen abzuleiten. Insoweit besteht in der Tat die Gefahr, daß politische Ordnungsvorstellungen wie sozial- oder wirtschaftspolitische Zielvorgaben ohne ausreichende Legitimation in das Gesellschaftsrecht hineingetragen werden.[88]

---

[85] Vor allem *Teichmann*, Gestaltungsfreiheit in Gesellschaftsverträgen, 1970, S. 17 ff.; auch schon *Ludwig Raiser*, Rechtsschutz und Institutionenschutz im Privatrecht, in: summum ius summa iniuria, Ringvorlesung gehalten von Mitgliedern der Tübinger Juristenfakultät im Rahmen des Dies academicus, Wintersemester 1962/63, Tübingen 1963, S. 145, 148 f.

[86] So die Kritik von *Wiedemann*, Gesellschaftsrecht (oben Fn. 4), § 1 IV 1 b, aa; *K. Schmidt*, Gesellschaftsrecht (oben Fn. 4), § 5 III 2 b; schärfer noch *Flume*, Personengesellschaft (oben Fn. 32), § 13 I und § 14 VIII; allg. auch *Rüthers*, Institutionelles Rechtsdenken im Wandel der Verfassungsepochen, 1970, S. 49 f.

[87] Eingehende Darstellung der Bedenken bei *Wiedemann*, Gesellschaftsrecht (oben Fn. 4), § 1 IV 1 b, aa.

[88] Siehe *K. Schmidt*, Gesellschaftsrecht (oben Fn. 4), § 5 III 2 b.

2. Selbstregulierung als Funktionselement

Aber jenseits aller Theorien ist es nun eben doch so, daß die Funktionsfähigkeit der jeweiligen Gesellschaftsform ein topos ist, aus welchem nicht nur die theoriefreudige Literatur, sondern, wie die vorangegangenen Beispiele gezeigt haben, auch die weniger theoriefreudige Rechtsprechung Rechtsfolgen ableiten. Damit stellt sich die Frage, welche Funktionsvorstellung denn den von der Rechtsprechung verwendeten Kernbereichsargumenten und dem Argument, das Zusammenwirken der Gesellschafter in der Gesellschaft werde gestört, in Wahrheit zugrunde liegt.

a) Der Gedanke der Selbstregulierung

Ich denke, ein wesentlicher Gesichtspunkt ist derjenige der Selbststeuerung[89] und Selbstregulierung. Die verschiedenen Gesellschaftsformen, die weitgehende Typenwahlfreiheit und die Gestaltungsfreiheit dienen der Privatautonomie. Ihre Aufgabe leiten sie von dort her und nicht aus einer irgendwie gedachten Idee der Wirtschaftsverfassung ab. Die Gesellschaftsformen sollen in ihrer jeweiligen Ausprägung das Zusammenwirken der Gesellschafter zur Verfolgung verschiedenster Ziele ermöglichen. Dazu stellen die Gesellschaftsformen geeignete Strukturen zur Verfügung, die darauf gerichtet sind, daß die Beteiligten ihre Organisation selbst in die Hand nehmen können und nicht staatlicher Lenkung bedürfen. In diesem Sinne handelt es sich um Organisationen, die so beschaffen sind, daß sie sich im Zusammenwirken der Beteiligten selbst steuern. Ich möchte die Gesellschaften in diesem Sinne gewissermaßen als Selbstregulierungsmechanismen bezeichnen, die im wesentlichen ohne staatliche Hilfe den privatautonomen Zweck angemessen erfüllen.

b) Funktionsverantwortung

Man kann also aus dieser Sicht die Gesellschaften gewissermaßen als Selbststeuerungs- oder Selbstregulierungsmechanismen verstehen, deren sachgerechtes Funktionieren innerhalb des gegebenen rechtlichen Rahmens natürlich in erster Linie Sache der Beteiligten ist. Das kann und soll ihnen die Rechtsordnung nicht abnehmen. Vielmehr ist die

---

[89] Der Aspekt der Selbststeuerung ist etwa bei K. Schmidt, Gesellschaftsrecht (oben Fn. 4), § 19 III 4 a erwähnt.

Rechtsordnung auf die Selbststeuerung innerhalb der Teilsysteme – ich nenne als Beispiel wieder die Aktiengesellschaft – angewiesen. Keine Rechtsordnung kann die autonome Selbststeuerung 5 000 AGen oder gar von 700 000 GmbH durch heteronome Anordnungen ersetzten. Allerdings bleibt die Rechtsordnung für die grundsätzliche Funktionsfähigkeit der von ihr zur Verfügung gestellten Teilsysteme verantwortlich. Dort, wo die Teilsysteme infolge eines Fehlers im System versagen, muß sie eingreifen. Eine Personen- oder Kapitalgesellschaft läßt sich ja gewissermaßen als ein Verfahren[90] verstehen, mit bestimmten vorgegebenen Rollen oder Kompetenzen, bei dem das Ergebnis des Verfahrens nicht vorgegeben ist, sondern durch den ordnungsgemäßen Ablauf des Verfahrens gefunden und legitimiert werden soll. Entsprechend geht es bei der Verantwortung, welche die Rechtsordnung für das Funktionieren der von ihr zur Verfügung gestellten Gesellschaftsformen hat, nicht um die (Sach-) Gerechtigkeit des einzelnen Ergebnisses, das in der Verantwortung der Beteiligten liegt und liegen soll, sondern um die Sachgerechtigkeit der Organisation des Verfahrens. Diese kann durch nicht sachgerechte Ergebnisse nicht ohne weiteres widerlegt werden, weil die Findung des Einzelergebnisses innerhalb des geordneten Verfahrens Sache der Beteiligten und Teil ihrer Selbstverantwortung und ihres Irrtumsrisikos ist. Aber das Verfahren selbst muß sachgerecht geordnet sein.

c) Richtigkeitsgewähr

Der Rechtsordnung fällt daher die Aufgabe zu, diese überwiegend geschichtlich gewachsenen, teilweise auch staatlich geschaffenen[91] Organisationen so einzurichten, daß sie möglichst selbstregulierend[92] funktionieren, ohne jedoch Dritte, wie etwa Gläubiger, zu weitgehend zu gefährden oder sonst zu Mißbräuchen und Fehlentwicklungen führen. Privatautonomie hat nämlich, wenn ihre Funktionsvoraussetzun-

---

[90] Allgemein zum prozeduralen Verständnis der Vertragsgerechtigkeit in der Privatautonomie *Canaris*, AcP 200 (2000), S. 273, 283 f.; *Schapp*, Methodenlehre des Zivilrechts, S. 19 f.

[91] GmbH, EWIV, PartG.

[92] Zum Selbststeuerungsgedanken im Recht etwa *Luhmann*, Das Recht der Gesellschaft, 1993, S. 15, 187 ff., 552 ff.; *ders.*, Rechtstheorie 14 (1983), S. 129 ff.; vgl. ferner *Teubner*, Recht als autopoietisches System, 1989; *ders.*, ARSP 1982, 13 ff.; *Tonner*, Krit. Justiz 1985, 107 ff. Im Ansatz liegt der Selbststeuerungsgedanke bereits der Anerkennung der prozeduralen Gewährleistung der Vertragsgerechtigkeit zu Grunde; vgl. zum prozeduralen Charakter der Vertragsgerechtigkeit vor allem *Canaris*, AcP 200 (2000), S. 273, 283 f.

gen gegeben sind, eine ihr innewohnende Richtigkeitsgewähr.[93] Über diesen Begriff der Richtigkeitsgewähr ist viel gestritten worden.[94] Manche sagen, die Privatautonomie gebe nur eine Richtigkeitchance.[95] Ich will darüber hier nicht streiten. Mir genügt auch, daß die Privatautonomie und so auch ihre Teilsysteme wenigstens eine gewisse Richtigkeitschance gewähren müssen, nicht in jeden Einzelfall, wohl aber typischerweise. Sonst muß die Rechtsordnung eingreifen.

Das klingt vielleicht gewagt, ist es aber nicht. Privatrecht hat nämlich, wie wir heute wissen,[96] eine doppelte Funktion: Die der Gewährleistung von Autonomie im Interesse der beteiligten Privatrechtssubjekte und die der Schaffung und Stabilisierung einer sachgerechten Privatrechtsordnung. Die Privatrechtsordnung stellt den rechtlichen Rahmen zur Verfügung, innerhalb derer die Privatrechtssubjekte ihre Rechtsverhältnisse möglichst selbständig regeln können. Wie sie diese regeln, ist im Grundsatz Sache ihrer Autonomie. Auf diese Weise konstituiert sich die Privatrechtsordnung gewissermaßen von selbst. Das ist wichtig, weil der Staat die privaten Transaktionen weder steuern soll, noch in ihrer Fülle steuern könnte. Dennoch muß er natürlich dafür sorgen, daß der rechtliche Rahmen, den er zur Verfügung stellt, Autonomie ermöglicht und nicht Entwicklungen fördert, die mit dem auch an die Privatrechtsordnung zu stellenden Gerechtigkeitsgedanken unvereinbar sind. Er muß daher etwa die Gesellschaftsformen so ausgestalten, daß sie einerseits sich in der Regel selbst verwalten können, andererseits aber, etwa in Form des Anlegerschutzes bei Publikumsgesellschaften, gewisse Sicherungen gegen Mißbräuche bieten.

Daß das Privatrecht Funktionseinheiten, wie etwa die verschiedenen Gesellschaften, ausformt und zu stabilisieren trachtet, ist wohl unbestreitbar. So hat der Gesetzgeber in verschiedenen Aktienrechtsrefor-

---

[93] Grundlegend *Schmidt-Rimpler*, AcP 147 (1941), S. 132 ff. Zur Bedeutung der Theorie der Richtigkeitsgewähr für das Privatrecht auch *Fastrich*, Inhaltskontrolle (oben Fn. 76), S. 51 ff.; mit Einschränkungen zustimmend auch *Canaris*, AcP 200 (2000), S. 273, 284; im Ansatz wie hier für die Gesellschaften auch *K. Schmidt*, Gesellschaftsrecht (oben Fn. 4), § 16 I 2 u. III 1 a; Weitere Nachweise bei *Fastrich*, Inhaltskontrolle (oben Fn. 75), S. 52 Fn. 187.

[94] Dazu *Fastrich*, Inhaltskontrolle (oben Fn. 76), S. 51 ff.; aus neuerer Zeit auch *Canaris*, Festschrift Lerche, 1993, S. 884.

[95] So schon *Ludwig Raiser*, FS DJT (1960), Bd. I, S. 101, 118 f.; auch *Hönn*, Kompensation gestörter Vertragsparität, 1982, S. 94; *Canaris*, Die Bedeutung der iustitia distributiva im deutschen Vertragsrecht, 1997, S. 49; weitere Nachweise bei *Fastrich*, Inhaltskontrolle (oben Fn. 76), S. 52 Fn. 188.

[96] Zu diesem zweifachen Aspekt bereits *Ludwig Raiser*, Rechtsschutz und Institutionenschutz (oben Fn. 85), S. 145, 148 f.; ferner etwa *Fastrich*, Inhaltskontrolle (oben Fn. 76), S. 48 f.

men das Verhältnis von Vorstand, Aufsichtsrat und Hauptversammlung verändert und die Gewichte verschoben, mal stärker in Richtung auf den Vorstand,[97] dann wieder etwas mehr zum Aufsichtsrat hin[98] und schließlich auch durch die Rechtsprechung für besondere Fälle auch wieder in Richtung auf die Hauptversammlung.[99] Es geht dabei um die Machtbalance zwischen den Gesellschaftsorganen, die ja nicht beliebig ist, sondern einem Zweck dient: Die Funktionsfähigkeit der Aktiengesellschaft als Unternehmensträger mit dem notwendigen Schutz der Beteiligten, Anleger wie Gläubiger, in Einklang zu bringen.[100] Es geht darum, ein funktionsfähiges und auf eine sachgerechte Ordnung der Interessen der Beteiligten ausgerichtetes System, eben das System der Aktiengesellschaft, zur Verfügung zu stellen und durch notwendige Korrekturen und Anpassungen seine Funktionsfähigkeit auch in Zukunft zu gewährleisten. So hat die Rechtsordnung in der Vergangenheit bei der Aktiengesellschaft vor allem den Anlegerschutz verbessert[101] und Schwindelgründungen zu unterbinden versucht.[102] Das zeigt ganz deutlich, daß sie ihre Aufgabe wahrnimmt, die Organisation Aktiengesellschaft durch gesetzliche Vorgaben so einzurichten, daß der Anlegerschutz unter Aufrechterhaltung der Selbstregulierung optimiert wird. Die Aufgabe der Gewährleistung der Funktionsfähigkeit der Gesellschaftsformen ist also gegenüber inhaltlichen Schutzforderungen keinesfalls abstinent; aber sie verwirklicht diese Schutzforderungen, die aus dem Postulat der Richtigkeitsgewähr resultieren, nicht in erster Linie durch Einzeleingriff, sondern möglichst durch Optimierung der Ausgestaltung der Organisation.[103]

---

[97] Zur Stärkung des Vorstands durch das AktG 1937 statt anderer *G. Hueck,* Gesellschaftsrecht (oben Fn. 4), § 20 II 5.

[98] Zur Verstärkung der Kontrolle des Vorstands durch den Aufsichtsrat durch das AktG 1965 *G. Hueck,* Gesellschaftsrecht (oben Fn. 4), § 20 II 6. Vgl. aus neuerer Zeit auch die Regeln des KonTraG.

[99] BGHZ 83, 122 – Holzmüller. Zur Stärkung der Hauptversammlung durch das AktG 1965 *G. Hueck,* Gesellschaftsrecht (oben Fn. 4), § 20 II 6.

[100] Zur Machtbalance im Aktienrecht aus der Sicht der Aktienrechtsreform 1937: *Hommelhoff,* Machtbalancen im Aktienrecht, in Schubert/Hommelhoff, Die Aktienrechtsreform am Ende der Weimarer Republik, 1986, S. 71 ff.

[101] Zu diesem *K. Schmidt,* Gesellschaftsrecht (oben Fn. 4), § 57 IV; *Wiedemann,* Gesellschaftsrecht (oben Fn. 4), § 9 III 1.

[102] Zum Gründungsschwindel in der sog. Gründerzeit und seiner Bekämpfung in den folgenden Aktienrechtsreformen · *G. Hueck,* Gesellschaftsrecht (oben Fn. 4), § 20 II 3-6.

[103] Zum Gedanken der Sicherung der Funktionsfähigkeit der Verbände gegenüber von Schutzinstinkten geleitetem Minderheitenschutz im Einzelfall auch *K. Schmidt,* Gesellschaftsrecht (oben Fn. 4) § 16 III 1 a.

3. Abgrenzung

Es war nun viel von funktionalem Denken, bezogen auf die Aufrechterhaltung und Stabilisierung von Selbstregulierungsorganisationen die Rede. So viel, daß man fragen muß, was denn der Gegenbegriff ist. Das funktionale Rechtsdenken denkt von der Funktion des Systems, das materielle Rechtsdenken vom individuellen Schutz und Verhalten des einzelnen her. Wie eingangs schon betont, handelt es sich um unterschiedliche Aspekte, die auf einander bezogen, aber nicht identisch sind. Ich meine, daß der Aspekt der Gewährleistung der Funktionsfähigkeit der Organisation und deren Anpassung an veränderte Umstände etwas anderes ist als die Frage nach dem Schutz des einzelnen innerhalb der an sich funktionierenden Organisation. Und ich glaube, daß man diese beiden Fragen viel klarer als bisher unterscheiden muß.

a) Theoretische Unterscheidbarkeit von Systemversagen und individuellem Fehlverhalten

Ein unangemessenes Ergebnis in einem Einzelfall kann nämlich zwei verschiedene Gründe haben:

aa) Versagen des Einzelnen bei an sich funktionierendem System

Zum einen ein individuelles Versagen der Beteiligten bei an sich funktionsfähigem System. Wenn der eine den anderen betrügt, dann ist das grundsätzlich kein Systemmangel, weil gegen Betrügereien kein Kraut gewachsen ist, sondern eben Fehlverhalten im Einzelfall. Dafür gibt es die üblichen Rechtsregeln, die freilich den Beweis der subjektiven Voraussetzungen voraussetzen. Die Nichtbeweisbarkeit und damit die Grenze zwischen schlechtem Geschäft und Betrug ist dann bis zu einem bestimmten Grad das Risiko der jeweils Beteiligten, das ihnen die Rechtsordnung grundsätzlich nicht abnehmen kann (und auch nicht abnehmen darf). Für das Kaufrecht gilt eben „caveat emptor" und für das Gesellschaftsrecht gilt grundsätzlich natürlich auch, daß jeder grundsätzlich für die Wahrung seiner Rechtsposition selbst verantwortlich ist. Erst wenn die Grenze der Sittenwidrigkeit überschritten ist, greift die Rechtsordnung dann ein. Bei an sich funktionierendem System kann und muß die Rechtsordnung dem Teilnehmer am Rechtsverkehr ein erhebliches Maß an Selbstverantwortung und Risiko zuweisen.

bb) Systemversagen

Das unangemessene Ergebnis kann zum anderen aber auch auf einem Systemfehler beruhen, der „repariert" werden muß, weil es zur Verantwortung der Rechtsordnung gehört, daß die von ihr zur Verfügung gestellten Systeme ordnungsgemäß, d.h. sachgerecht und mit ausreichender „Richtigkeitsgewähr" funktionieren. Für Folgen eines „Systemfehlers" kann man den einzelnen nicht bis zur Grenze des § 138 BGB belasten, sondern man muß hier früher eingreifen, weil er zwar in weitem Maße die Selbstverantwortung für eigenes Handeln innerhalb des als funktionierend gedachten Systems trägt, nicht jedoch in gleichem Umfang für Ergebnisse, die nicht auf seinem individuellen Versagen, sondern auf einer Systemstörung beruhen. Paradigma ist noch immer die Zurücknahme der Selbstverantwortung des Vertragschließenden für den Inhalt der von der anderen Vertragsseite gestellten Allgemeinen Geschäftsbedingungen.[104]

cc) Beispiel für die grundsätzliche Unterscheidbarkeit

Wenn Sie erlauben, möchte ich diese Unterscheidung an einem etwas trivialen und unvermeidlich natürlich auch etwas hinkenden Vergleich verdeutlichen, der mir aber besonders anschaulich erscheint. Wenn im Straßenverkehr auf einer übersichtlichen Landstraße in einer langgezogenen Kurve ein Auto von der Straße abkommt, dann ist das bedauerlich, aber kein Grund, eine generelle Geschwindigkeitsbegrenzung einzuführen oder gar die Kurve zu begradigen, und zwar selbst dann nicht, wenn wir voraussehen, daß sich im Laufe der Zeit so ein Unfall wiederholen wird. Das gehört zum Risiko der Verkehrsteilnehmer, vor dem man sie nicht bewahren kann, ohne den Verkehr insgesamt zu sehr zu beeinträchtigen. Der Einzelunfall als solcher ist kein Anlaß für eine Korrektur des Systems.

Wenn sich dagegen herausstellt, daß in dieser Kurve in kürzerer Folge immer wieder ähnliche Unfälle auftreten, dann wird man sich fragen, ob etwas am System falsch ist, die Kurvenneigung etwa falsch berechnet ist, und diesen offenbar gewordenen Systemfehler entweder durch Geschwindigkeitsbegrenzungen entschärfen oder durch einen Umbau korrigieren.

Wir haben also auch hier im Straßenverkehr den Unfall innerhalb eines an sich intakten Systems und den Unfall infolge einer Fehlfunktion

---

[104] Dazu *Fastrich*, Inhaltskontrolle (oben Fn. 76), S. 86 f.

des Systems. Und die Antworten, die auf das eine oder das andere Phänomen zu geben sind, sind grundverschieden.

Von der Straße zurück zum Thema: Ich meine also, daß auch im Recht die beiden Probleme „Unfall" innerhalb eines an sich funktionierenden Systems und „Unfall" infolge eines Systemfehlers unterschieden werden müssen und daß man zwischen dem Unfall infolge „Fehlbedienung" und dem infolge eines „Systemfehlers" unterscheiden muß. Mit funktionalem Rechtsdenken meine ich also eine Fragestellung, die dem Funktionieren des Systems gewidmet ist und die es damit ermöglicht, die „Fehlbedienung" im Einzelfall, die zum Risiko des Beteiligten gehört, von der erforderlichen Systemkorrektur zu unterscheiden.

b) Gefahr der Zerstörung der Selbstregulierung bei einer Vermischung von Fehlverhalten und Systemfehler

Daß eine solche Unterscheidung notwendig ist, hat die „Materialisierungs-Diskussion" in den 70er Jahren gezeigt. Diese richtete sich gegen die rein formale Sicht, Vertrag sei Vertrag, auf inhaltliche Fragen komme es bis zur Grenze des § 138 BGB nicht an. Und sie führte dafür insbesondere die AGB-Problematik an, schloß daraus aber viel zu weitgehend, daß das formale System überholt sei und es durchgängig rechtsethischer Begrenzung durch richterliche Vertragskontrolle bedürfe.[105] Man hat dabei lange nicht gemerkt, daß man über verschiedene Fragestellungen gesprochen hat.

Keines von beiden, weder die ausschließlich formale Sicht, noch die generelle Materialisierungsforderung war in seiner Absolutheit richtig, beides hatte jedoch einen richtigen Kern. Die formale Sicht des Reichsgerichts sah nicht zureichend, daß es Bereiche gibt, in welchen die Funktionsvoraussetzungen für das Vertragsmodell des BGB nicht gegeben waren, und deshalb in diesen Bereichen, wie etwa bei Verwendung Allgemeiner Geschäftsbedingungen, eine Materialisierung erforderlich war, wie sie heute durch die Inhaltskontrolle erfolgt ist.[106] Die Befürworter einer durchgängigen Materialisierung sahen nicht, daß die prozeduralen Elemente der Vertragslehre wie auch die prozeduralen

---

[105] Dazu krit. *Fastrich*, Inhaltskontrolle (oben Fn. 76), S. 44 m.w.N.; zur Materialisierung der Vertragsfreiheit und Vertragsgerechtigkeit ferner *Canaris*, AcP 200 (2000), S. 273, 276 ff.

[106] Grundlegend bereits *Ludwig Raiser*, Das Recht der allgemeinen Geschäftsbedingungen, 1935.

Elemente der verschiedenen Gesellschaftsformen im Normalfall ihre eigene Richtigkeitsgewähr haben und daß man diese Selbstregulierungssysteme zerstört, wenn man dort, wo im Grunde ihre Funktionsvoraussetzungen gegeben sind, zu früh mit richterlicher Kontrolle einsetzt.[107] Denn man nimmt den Beteiligten damit die Selbstverantwortung ab, und diese ist konstituierend für den immanenten Selbstregulierungsmechanismus des Vertrags wie auch der Gesellschaftsformen.

Inzwischen ist es daher um die Materialisierungsdiskussion stiller geworden, und man hat erkannt, daß der Schutz und die Wiederherstellung der systemimmanenten Richtigkeitsgewähr eine (bessere) Alternative zur Materialisierung darstellt.[108]

c) Problem der praktischen Unterscheidbarkeit

Natürlich verkenne ich nicht, daß sich die Unterscheidung zwischen Fehlverhalten des einzelnen und Systemstabilisierung oder Systemkorrektur nicht immer sogleich treffen läßt. Die Funktionszusammenhänge sind komplex und es ist oft nicht von Anfang an erkennbar, ob ein „Unfall" auf individuellem Versagen oder auf einem Fehler des Systems beruht. Die Entwicklung der Rechtsprechung bei den Allgemeinen Geschäftsbedingungen hat gezeigt, wie lange es manchmal dauert, bis man den Funktionsmangel des Systems als solchen erkennt.[109] Wir werden nie alle Funktionsvoraussetzungen in ihrem Zusammenwirken beschreiben können;[110] was wir versuchen können ist lediglich, einzelne Fälle evident werdender Dysfunktion zu erkennen. Auch dann ist es schwierig, das Heilmittel richtig zu finden. Das wollte ich mit dem Beispiel der eigenkapitalersetzenden Gesellschafterdarlehen illustrieren.

Das alles, also die schwierigen Probleme, die damit verbunden sind, macht aber die funktionale Betrachtung allerdings nicht entbehrlich. Das haben die erwähnten Beispiele gezeigt und das ergibt sich auch aus den theoretischen Überlegungen. Man muß vielmehr mit Geduld daran

---

[107] Zur Gefährdung von Vertragsfreiheit und Vertragsgerechtigkeit durch Übersteigerung der Inhaltkontrolle *Canaris*, AcP 200 (2000), S. 273, 327 ff.; gegen Kontrollhektik auch *Zöllner*, AcP 176 (1976), S. 221, 246.

[108] Vgl. nur *Teubner*, ARSP 1982, 13 ff.

[109] Ausführliche Analyse der Rechtsprechung bei *Ludwig Raiser*, Allgemeine Geschäftsbedingungen (oben Fn. 106).

[110] Entsprechende, m.E. nicht weiterführende Versuche bei *Eisenberg*, The Limits of Cognition and the Limits of Contract, Stanford Law Review, Volume 47, No. 2, January 1995, S. 211 ff.; *M. Wolf*, Rechtsgeschäftliche Entscheidungsfreiheit und vertraglicher Interessenausgleich, 1970.

weiterarbeiten und versuchen, wenigstens in Umrissen die funktionalen Aspekte zu erkennen. Die Rückkehr zu bloßen Treu-und-Glauben-Argumenten ist da kein Weg.

IV. Konsequenzen für die Rechtsanwendung und Rechtsfortbildung

Lassen Sie mich daher wenigstens ein paar Überlegungen dazu beisteuern, was methodisch und dogmatisch daraus folgen könnte, wenn man den funktionalen Aspekt ernst nimmt:

1. Konsequenzen für die Risikoverteilung und die Eingriffsvoraussetzungen

Es liegt nahe, daß die Unterscheidung von Funktionsfehlern des Systems und von Fehlverhalten im Einzelfall Konsequenzen für die Risikozuweisung und deren Grenzen haben muß. Während, um im Bild zu bleiben, der Autofahrer, der in der fehlerfrei gebauten Kurve verunglückt, dieses Risiko zu tragen hat, kann anderes gelten, wenn das Unglück auf einen fehlerhaften Zustand der Kurve zurückzuführen ist. Übertragen auf unsere Fragestellung kann es also sein, daß die Risikozuweisungen für den einzelnen innerhalb eines funktionierenden Systems höher sind als in Fällen einer Funktionsbeeinträchtigung. So ist eben das Risiko des Vertragsschlusses zu unangemessenen Bedingungen bei einem Individualvertrag, bei dem unser Recht nach wie vor davon ausgeht, daß die Funktionsbedingungen des Vertragsschlusses gegeben sind, in größerem Maße dem einzelnen zugewiesen als bei einem Abschluß unter Verwendung Allgemeiner Geschäftsbedingungen. Und es ist die Frage, ob man das nicht auch auf andere Fälle, wie etwa den genannten des Mehrheitsprinzips übertragen kann. Das würde bedeuten, daß Gesellschafter im Rahmen des Mehrheitsprinzips weniger materiellen Schutz genießen, wo die Funktionsvoraussetzungen für die „Richtigkeitsgewähr" von Mehrheitsentscheidungen grundsätzlich gegeben sind als dort, wo die Funktionsvoraussetzungen des Mehrheitssystems typischerweise fehlen oder gefährdet sind. Dann hätte vielleicht das Reichsgericht mit seiner Aussage in der Hibernia-Entscheidung für den Normalfall der gegebenen Funktionsvoraussetzungen des Mehrheitsprinzips doch Recht: Mehrheit ist Mehrheit. Bis

44

zur Grenze des § 243 Abs. 2 AktG. Und die Kritik müßte sich auf die Fälle begrenzen, in welchen die Funktionsvoraussetzungen des Mehrheitsprinzips typischerweise gestört sind.

2. Abgestuftes System der Rechtsfortbildung mit Priorität der Aufrechterhaltung oder Wiederherstellung der Selbstregulierung

a) Die verschiedenen Mittel zur Aufrechterhaltung und Wiederherstellung der Selbstregulierung

Die zweite Konsequenz, die sich aus den vorangegangenen Überlegungen für die Rechtsanwendung und Rechtsfortbildung unter funktionalen Gesichtspunkten ziehen läßt, ist diejenige, daß das Gesellschaftsrecht – und wahrscheinlich nicht nur das Gesellschaftsrecht – auf Funktionsstörungen nicht notwendig sogleich mit materiellen Schranken, etwa der Inhaltskontrolle, reagiert, sondern zunächst versucht, die Funktionsstörung zu unterbinden und, wenn das nicht möglich ist, die Störung zu kompensieren und, wo auch dies keinen Erfolg verspricht, eine andere selbstregulierende Lösung zu finden.[111]

aa) Schutz der Funktionsbedingungen

Ersteres, der Schutz der Funktionsbedingungen, hat sich als Ziel der Kernbereichsargumente ergeben. In diesem Zusammenhang hat sich auch gezeigt, daß der Gleichbehandlungsgrundsatz nicht nur einen Gerechtigkeitsaspekt hat,[112] sondern daß er auch funktionale Bedeutung hat,[113] was erst erklärt, daß auf Gleichbehandlung im Gesellschaftsrecht der Gesellschafter nicht generell verzichten kann. Man muß die Selbstregulierung gegen Selbstauflösung sichern. So wie der auf dem Wettbewerb aufbauende Markt zur Selbstauflösung neigt, wenn man ihn nicht durch Kartellverbote u.s.w. rechtlich stabilisiert, so neigen auch die Selbstregulierungssysteme zur Selbstauflösung, wenn nicht bestimmte Grenzen gesetzt werden.

---

[111] In diesem Sinne bereits *Fastrich*, Inhaltskontrolle (oben Fn. 76), S. 92; *Canaris*, AcP 200 (2000), S. 273, 303.
[112] Zu diesem statt anderer *G. Hueck*, Gleichbehandlung (oben Fn. 27); *Canaris*, iustitia distributiva (oben Fn. 95), S. 35 ff.
[113] So tendenziell wohl auch *K. Schmidt*, Gesellschaftsrecht (oben Fn. 4), § 16 II 4 b aa.

bb) Wiederherstellung der Funktionsbedingungen
durch Rechtsfortbildung

Wo der Schutz der Funktionsbedingungen nicht möglich ist oder nicht ausreicht, ist in einem weiteren Schritt zu überlegen, ob die Funktionsbedingungen rechtsfortbildend wiederhergestellt werden können. In diesen Bereich gehört etwa der Ausbau von Informations- und Aufklärungspflichten,[114] wenn und soweit er geeignet ist, Störungen selbstverantwortlicher Wahrnehmung von Rechten zu beseitigen oder zu kompensieren und damit die Teilnehmer am Rechtsverkehr wieder in den Stand setzen, eigenverantwortlich den Gefahren der Privatautonomie zu begegnen. Auch die Widerrufsrechte[115] etwa nach dem VerbrKrG oder dem HaustürWG, die freilich i.d.R. nur durch gesetzliche Regelung eingeführt werden können, möchte ich zu dieser Kategorie der Wiederherstellung der Funktionsbedingungen der Selbstregulierung, hier im Bereich des allgemeinen Vertragsrechts, rechnen.

cc) Einführung zusätzlicher Selbstregulierungsmechanismen

Wo auch dies keinen Erfolg verspricht, scheint das Recht dann zu versuchen, die Selbstregulierung auf andere Weise wieder in Kraft zu setzen. Ich hatte das Beispiel der Mehrheitsbeschlüsse und deren Ergänzung durch die Regelung über Sonderbeschlüsse bestimmter Aktionärsgruppen erwähnt, die erforderlich sind, weil in den betreffenden Fällen für den reinen Mehrheitsbeschluß die Funktionsvoraussetzung nicht gegeben sind.

Ich würde unter die letztgenannte Kategorie des Versuchs, die Funktionsstörung durch eine andere selbstregulierende Lösung zu kompensieren, gerne auch die Regeln über eigenkapitalersetzende Gesellschafterdarlehen rechnen. Man mag arbeitsrechtlich auch das Tarifrecht dazu zählen, das mit anderen Mitteln, nämlich der Verlagerung der Selbstregulierung auf eine andere, eine kollektive Ebene, eine Funktionsstörung des Individualvertrags kompensiert. Dieses Modell der Verlagerung der Autonomie auf eine höhere Ebene hat allerdings seinerseits Funktionsvoraussetzungen, deren Gewährleistung u.a. von

---

[114] Vgl. zu deren Bedeutung für die Stützung der Entscheidungsfreiheit des anderen Teils *Zöllner*, Festschrift Söllner 2000, S. 1297, 1313. Zur Vorzugswürdigkeit einer Informations- vor einer Kontrollösung auch *Canaris*, AcP 200 (2000), S. 273, 303 f.
[115] Dazu und zu deren Funktion ebenfalls *Canaris*, AcP 200 (2000), S. 273, 344; *Fuchs*, AcP 196 (1996), S. 313, 343; auch *Zöllner*, Festschrift Söllner (oben Fn. 114), S. 1313.

einer schlagkräftigen Interessenvertretung beider Sozialpartner und der ultima ratio des Arbeitskampfs abhängig ist, weshalb das Modell auch vom Gesetzgeber für den Bereich der AGB nicht übernommen wurde.[116] Zu dem Versuch, eine Funktionsstörung durch eine andere selbstregulierende Lösung zu kompensieren, kann man schließlich auch die Anknüpfung an parallele, nicht gestörte Prozesse rechnen, also ein Als-Ob-Modell, das an anderswo autonom gefundene Ergebnisse anzuknüpfen versucht. Das Beispiel der Gesellschafterdarlehen hatte ich genannt, bei welchen die Rechtsprechung versucht, dem Gesellschafter ein Als-Ob-Verhalten aufzuerlegen, bei dem er sich wie ein Fremdkreditgeber gerieren muß. Dieses Als-Ob-Modell ist im Grundsatz nicht neu. Wir kennen es aus dem Wirtschaftsrecht,[117] etwa gegenüber Monopolisten und marktbeherrschenden Unternehmen. Und wir kennen dort auch seine Schwächen.[118]

b) Inhaltliche Einschränkung der Autonomie durch richterliche Kontrolle

Die vorstehend beschriebenen Rechtsfortbildungen dienten der Aufrechterhaltung und Wiederherstellung der Selbstregulierung und damit der Autonomie. Sie sind gekennzeichnet durch ihren prozeduralen Bezug und ihre Abstinenz gegenüber der Bewertung der inhaltlichen Ergebnisse des Verfahrens.

Davon zu unterscheiden ist der Bereich der Einschränkung der Autonomie durch Beschränkung der inhaltlichen Anerkennung der Ergebnisse im Einzelfall. Paradigma ist die inhaltliche Schranke des § 138 BGB,[119] die jedoch auf der Prämisse der grundsätzlich gegebenen Richtigkeitsgewähr fußt und folgerichtig erst sehr spät, gewissermaßen bei Evidenzfällen eingreift und so der prozeduralen Autonomie weiten Raum läßt.

---

[116] Zu entsprechenden Überlegungen siehe *Wolf* in *Wolf/Horn/Lindacher*, AGBG, 3. Aufl. 1994, Einl. Rn. 9.

[117] *Fikentscher*, Wirtschaftsrecht Bd. II, 1983, § 22 IX 2 d, bb m.w.N.; *Wiedemann*, ZGR 1980, S. 147, 171.

[118] *Möschel* in *Immenga/Mestmäcker*, GWB, 2. Aufl. 1992, § 22 Rn. 152 ff.; siehe auch *Canaris*, iustitia distributiva (oben Fn. 95), S. 53; *Wiedemann*, ZGR 1980, 147, 172.

[119] Auf die Besonderheiten des AktG durch die Unterscheidung von Nichtigkeit (§ 241 Nr. 4) und Anfechtbarkeit (§ 243 Abs. 1) braucht in diesem Zusammenhang nicht eingegangen zu werden.

Kompensationen gestörter oder fehlender Richtigkeitsgewähr enthalten dagegen die Angemessenheitskontrolle von Vertragsbestimmungen, wie auch die Beschlußkontrolle und sonstige Ausübungskontrollen. Sie haben damit eine die Selbstregulierung ergänzende Funktion. Dennoch wurden sie vielfach wegen ihrer größeren Elastizität und Einzelfallbezogenheit anderen Sicherungen der Selbstregulierung vorgezogen.[120] Dabei wurde allerdings nicht erkannt, daß generelle und formale Einschränkungen, wie sie die Kernbereichslehre, Sonderbeschlußerfordernisse oder Stimmrechtsausschlüsse enthalten, auf die Sicherung der Selbstregulierung zielen, während die ergebnisbezogene Einzelfallkontrolle die Verantwortung für die Richtigkeit des Einzelakts auf den Richter verlagert. Das spricht nicht grundsätzlich gegen die Beschlußkontrolle, wohl aber gegen ihre zu undifferenzierte Bevorzugung.

c) Fehlen einer klaren methodischen und dogmatischen Aussage
über die Priorität der Selbstregulierung

Die dogmatischen und methodischen Voraussetzungen und Formen der Sicherung und Wiederherstellung einer gestörten Selbstregulierungsfunktion sind einstweilen noch außerordentlich dunkel.[121] Zwar läßt sich die funktionale Fragestellung methodisch durchaus unter die Kategorie der Teleologie einreihen; denn natürlich ist das Zuendedenken der Selbstregulierungsfunktion eine Frage des Telos des betreffenden Regelungsbereichs. Aber diese Aussage ist doch zu allgemein. Ob das Recht auf das Problem der Hinauskündigungsklauseln mit einer Beschränkung der Zulässigkeit der Klausel oder mit der Ausübungskontrolle reagieren soll und warum das eine und nicht das andere, dafür fehlen im Grunde tragfähige Vorgaben. Wir haben nämlich im Grunde keine „Reparaturanleitung" für die Wiederherstellung der selbstregulierenden Funktion von Subsystemen, und wir haben bislang auch keine anerkannte Methodik, die uns sagt, in welcher Reihenfolge man dabei vorzugehen hat. Das hängt zu einem guten Teil bereits damit zusammen, daß die funktionale Fragestellung als solche nicht ausreichend klar erfaßt wird. So sind zwar Rechtsfortbildungen mit Rücksicht auf ein rechtsethisches Prinzip bekannt,[122] eine Rechtsfortbildung

---

[120] Zur Bevorzugung von Ausübungskontrollen *K. Schmidt*, Gesellschaftsrecht (oben Fn. 4), § 50 III 4 a mit Nachweisen zur älteren Literatur und Rechtsprechung.
[121] Erhellende Ansätze aber bei *Canaris*, AcP 200 (2000), S. 273 ff.
[122] *Larenz/Canaris*, Methodenlehre (oben Fn. 13), S. 240.

mit Rücksicht auf die Erhaltung oder Wiederherstellung der Funktion eines selbstregulierenden Systems ist dagegen als solche in der Methodenlehre noch nicht anerkannt.

Dabei scheint mir eines, auch wenn es bislang überraschenderweise nur selten ausgesprochen wurde, auf der Hand zu liegen: Es muß die Aufrechterhaltung der Funktionsfähigkeit eines Systems als Aufgabe der Rechtsfortbildung und es muß eine Reihenfolge der Kompensationsinstrumente geben. Die Inhaltskontrolle kommt bei den Lösungen erst dann zum Zuge, wenn auf autonomienähere Weise die Funktionsbedingungen nicht gesichert werden können.[123] Dazu darf ich nochmal auf den unzulässigen generellen Verzicht auf die Gleichbehandlung zurückkommen: Das Recht reagiert offenbar auf eine durch den generellen Verzicht auf Gleichbehandlung verursachte Funktionsstörung nicht sogleich mit einer verschärften Inhaltskontrolle, was ja auch möglich wäre, um den Gesellschafter zu schützen, sondern mit dem Verbot, die Funktion zu stören. Vertragsklauseln, welche die Richtigkeitsgewähr aus dem Lot bringen, werden als „sittenwidrig" nicht anerkannt. Darin liegt eine Wertung, die mir wichtig erscheint: Das Recht versucht zunächst, die Selbstregulierung zu erhalten. Nur wenn das nicht geht, reagiert es mit einer Kompensation. Die Gewährleistung und damit wahrscheinlich auch die Wiederherstellung der Selbstkontrolle ist also vorrangig, die richterliche Kompensation nur ein letztes Mittel.

Man kann daraus offenbar eine Reihenfolge der Reparatur b.z.w. Ersatzlösungen entwickeln, die grob vereinfachend heißt: Reparatur geht vor Ersatz.

3. Folgerungen für die Beschlußkontrolle im Aktienrecht

a) Notwendigkeit einer differenzierteren Sicht

Versucht man, aus dem Vorhergehenden vorsichtig Schlüsse zu ziehen, dann zeigt sich, daß für die Frage, ob im Aktienrecht in Anlehnung zu Entwicklungen der Inhaltskontrolle im Vertragsrecht im Interesse des Minderheitenschutzes eine verstärkte materielle Beschlußkontrolle stattzufinden habe, die Antwort wohl differenzierter ausfallen muß als die heutige generelle Befürwortung einer engen, an Treu und Glauben ausgerichteten materiellen Beschlußkontrolle nahelegen könnte.

---

[123] So im Ansatz Canaris, AcP 200 (2000), S. 273, 303; ebenso schon Fastrich, Inhaltskontrolle (oben Fn. 76), S. 92.

Völlig zutreffend weist nämlich *Karsten Schmidt* in ähnlichem Zusammenhang darauf hin, daß das rechtspolitische Anliegen des Minderheitenschutzes im Verbandsrecht Schutzinstinkte wecke, die sich gerade wegen der fehlenden institutionellen Geschlossenheit des gesellschaftsrechtlichen Minderheitenschutzes verselbständigten und die Leitungsmacht und Mehrheitsherrschaft von mehreren Seiten her unmerklich paralysieren könnten.[124] Das müsse, so fährt *Karsten Schmidt* fort, nicht nur um der Funktionsfähigkeit der Verbände willen verhindert werden, sondern auch deshalb, weil ein Zuviel an Minderheitenschutz die Willensbildung und die Maßnahmen eines Verbandes am Ende in die Hand der Gerichte gebe, denen oft in Konfliktlagen auch nichts anderes bliebe als eine Entscheidung nach Gutdünken.[125] Das bedeutet, daß die rechtsfortbildende Entwicklung der materiellen Beschlußkontrolle nur insoweit gerechtfertigt werden kann, wie sie notwendig ist, und das bedeutet weiter, daß zunächst geprüft werden muß, inwieweit die Richtigkeitsgewähr des Mehrheitsprinzips versagt.

b) Die Richtigkeitsgewähr nach der Funktionsvorstellung
des Gesetzes

Die Richtigkeitsgewähr des Beschlusses ergab sich nach den Funktionsvorstellungen des Aktiengesetzes[126] grundsätzlich aus der Interessengleichrichtung der Gesellschafter, denen es grundsätzlich gleichermaßen um das Wohl der Gesellschaft gehen muß.[127] Wenn und soweit diese Prämisse erfüllt ist, kann das Gesetz das Risiko von Fehlentscheidungen den Gesellschaftern grundsätzlich bis zur Grenze des § 138 BGB auferlegen.[128] Eben das hat es mit § 243 Abs. 2 AktG gewollt. Es sollte nämlich mit § 197 Abs. 2 AktG 1937, dem Vorläufer von § 243 Abs. 2 AktG 1965, nur der Schwierigkeit begegnet werden, daß die Verfolgung von Sondervorteilen regelmäßig nicht auf den Inhalt des Beschlusses durchschlägt und deshalb eine Nichtigkeit nach § 138 Abs. 1 BGB nicht begründbar ist.[129] Darin liegt keine Abkehr von der relativ weit zurückge-

---

[124] Gesellschaftsrecht (oben Fn. 4), § 16 III 1 a.
[125] A.a.O. (oben Fn. 124).
[126] Dazu auch *Hüffer* in Geßler/Hefermehl (oben Fn. 41), § 243 Rn. 65.
[127] Dazu oben II 2 b, bb.
[128] Dazu oben IV 1.
[129] Vgl. amtl. Begründung, Reichsanzeiger 1937 Nr. 28, 2. Beilage, S. 1; zur Entstehungsgeschichte auch *Hüffer* in Geßler/Hefermehl (Fn. 41), § 243 Rn. 65; *ders.*, AktG (oben Fn. 39), § 243 Rn. 30 m.w.N.

drängten Kontrolle des § 138 BGB, sondern nur deren Anpassung an die Besonderheiten der Aktiengesellschaft. Diese prozedurale Gewährleistung der Richtigkeit und die mit ihr verbundene Beschränkung der richterlichen Intervention wird gänzlich verkannt, wenn man liest, daß der Gedanke der „Richtigkeitsgewähr" einer materiellen Kontrolle des Beschlußinhalts entspreche und daß sich daraus eine durchgängige Beschlußkontrolle rechtfertige.[130]

Die durchgängige materielle Beschlußkontrolle läßt sich auch nicht mit dem dogmatischen Gedanken rechtfertigen, daß die Beschlußkontrolle einen Fall der Ausübungskontrolle innerhalb einer bestehenden Sonderverbindung darstelle, daß die Rechtsausübung innerhalb solcher Sonderverbindungen generell den Schranken des § 242 BGB unterliege und daß daher folgerichtig auch Stimmabgaben der Mehrheit generell an § 242 BGB b.z.w. der gesellschaftsrechtlichen Treuepflicht gemessen werden müßten.[131] Denn diese, aus dem Gedanken des individuellen Schutzes des Vertragspartners entwickelte Folgerung verkennt den zweiten und hier in den Vordergrund gestellten Systemgedanken, der es erlaubt, daß das Recht auch im Rahmen der Rechtsausübung, dort, wo es möglich ist, zunächst versucht, die Richtigkeitsgewähr durch Selbstregulierung zu gewährleisten. Die Argumentation mit dem Wesen der Ausübungskontrolle übersieht damit genau den funktionalen Gesichtspunkt, der es nach der Modellvorstellung des Gesetzes rechtfertigt, bei der Beschlußfassung unter gegebenen Voraussetzungen für den Regelfall die Kontrollschranke auf eine dem § 138 BGB entsprechende Schranke durch § 243 Abs. 2 AktG zurückzunehmen. Damit sollten hier wie dort auf der Grundlage der grundsätzlichen Interessenidentität und der Selbstverantwortung der Gesellschafter lediglich „Ausreißer" erfaßt werden.

c) Materielle Beschlußkontrolle als Antwort auf ein Systemversagen

Man wird dem bisher gesagten möglicherweise entgegenhalten, die Funktionsvorstellung des Gesetzes sei rechtstatsächlich widerlegt, das vom Gesetz zugrunde gelegte System funktioniere ohne die Beschlußkontrolle nicht. Das wäre zunächst allerdings nur eine Behauptung, die des rechtstatsächlichen Nachweises bedürfte. Dieser Nachweis ist nie erbracht worden, vielmehr hat sich die materielle Beschlußkontrolle an

---

[130] So aber *K. Schmidt* in Großkomm AktG (oben Fn. 52), § 243 Rn. 45.
[131] So in der Tendenz *Zöllner* in Kölner Komm AktG (oben Fn. 39), § 243 Rn. 144; *ders.,* Schranken (oben Fn. 56), S. 292, 335 ff.

einzelnen Mißbrauchsfällen entwickelt, wobei nicht danach unterschieden wurde, ob es sich um den Normalfall des Mehrheitsbeschlusses oder um Sonderfälle handelte. Die Realität, die nicht nur aus den die Rechtsprechung erreichenden „kranken" Fällen betrifft, sondern ebenso aus den weit überwiegenden Fällen besteht, in welchen Mehrheitsentscheidungen sachgerecht getroffen werden, widerlegt die Funktionsvorstellung des Gesetzes als solche m.E. nicht. Wäre es so, daß die Richtigkeitsgewähr des Mehrheitsbeschlusses im allgemeinen versagte, so müßte man erwarten, daß nahezu jeder Mehrheitsbeschluß angegriffen würde, weil die Mehrheit die Chance nutzen würde, sich die gebotenen Vorteile zu verschaffen. Die Realität ist jedoch eine andere. Im Verhältnis zur Zahl der jährlich zu fassenden Hauptversammlungsbeschlüsse werden nur relativ wenig Beschlüsse angefochten, weil eben im Regelfall die Richtigkeitsgewähr vermutlich viel besser funktioniert als dies aus der Sicht der die Rechtsprechung beschäftigenden „kranken" Fälle den Anschein hat.

Man könnte natürlich erwägen, ob dies gerade die Folge der Anerkennung der materiellen Beschlußkontrolle ist, weil deren Existenz Vorwirkungen auf das Verhalten der Mehrheit haben könnte. Aber es könnte auch umgekehrt sein, daß die Beschlußkontrolle zumindest partiell und das vielleicht in einem relativ großen Bereich, entbehrlich ist, weil es nach wie vor den Regelfall darstellt, daß die Gesellschafter bei der Abstimmung „im selben Boot sitzen" und daher die Mehrheit mit der Verfolgung des Unternehmensinteresses zugleich die Interessen der Minderheit mitverfolgt. Letzteres erscheint mir naheliegend; denn warum soll die Mehrheit, solange sie nicht besondere externe Interessen hat, ihre eigenen Beteiligungsinteressen schädigen? Wenn und soweit Mehrheit und Minderheit „in einem Boot sitzen", sind die Voraussetzungen der Richtigkeitsgewähr gegeben.

Von dieser, dem Gesetz zugrundeliegenden und im Grundsatz nach wie vor richtigen Prämisse ausgehend stellt sich daher die Frage der materiellen Beschlußkontrolle innerhalb der Grenzen des § 243 Abs. 2 AktG erst dann, wenn und wo die Funktionsvoraussetzungen der Richtigkeitsgewähr des Mehrheitsprinzips typischerweise versagen.[132] Das Problem ist also, daß das vom Gesetz zugrunde gelegte System der

---

[132] In diesem Sinne wurde die Beschlußkontrolle vielfach als Fall des institutionellen Rechtsmißbrauchs gewertet, so bei *Hüffer*, in Geßler/Hefermehl (oben Fn. 41), § 243 Rn. 50; aufgegeben allerdings in Festschrift Steindorff 1990, S. 59 und AktG (oben Rn. 39), § 243 Rn. 21. Neuerdings erscheint jedoch die institutionelle Sicht wieder bei *Mülbert*, Aktiengesellschaft (oben Fn. 66), S. 229 ff., 232 ff.

Selbstregulierung zwar nicht generell, wohl aber partiell versagt, wenn die Interessengleichrichtung ausnahmsweise nicht besteht oder durch externe Interessen der Mehrheit überspielt wird.[133] Das bedeutet, daß vor einer Generalisierung der Beschlußkontrolle zunächst Voraussetzungen und Grenzen der dem Gesetz zugrunde liegenden prozeduralen Lösung, nämlich die dem Mehrheitsprinzip zugrunde liegende Interessengleichrichtung, ermittelt werden müssen, und daß nur dort, wo die Richtigkeitsgewähr der prozeduralen Lösung typischerweise („strukturell") versagt und auch nicht auf andere Weise, etwa durch Aufklärungspflichten, wiederhergestellt werden kann, die Frage nach der Beschlußkontrolle aufgeworfen werden kann. Die diesbezüglichen Fallgruppen genauer herauszuarbeiten, steht noch an.

Auch dann muß allerdings die Beschlußkontrolle nicht notwendig die erste oder einzige Wahl sein. Vielmehr ist zu prüfen, in welchem Verhältnis andere Kompensationsmechanismen, wie etwa Nachteilsausgleichs- (§§ 243 Abs. 2 S. 2, 311 AktG) und Abfindungslösungen[134] unter funktionalen Gesichtspunkten zur Beschlußkontrolle stehen.[135]

Die Beschlußkontrolle ist nach allem jedenfalls weder die nächstliegende noch die zu generalisierende Lösung, sondern sie sollte nur da in Betracht gezogen werden, wo systemnähere Selbstregulierungslösungen nicht greifen und auch rechtsfortbildend nicht geschaffen oder verbessert werden können. Das kann an dieser Stelle nicht weiter entwickelt werden.

V. Ausblick

Mit der vorstehenden Skizze, die auch im Gesellschaftsrecht keine Vollständigkeit anstreben konnte,[136] sollte die Bedeutung des funktionalen Gedankens beispielhaft im Bereich des Gesellschaftsrechts erläutert werden, weil mir dort der Funktionsbezug besonders deutlich zu

---

[133] Dazu oben II 2 c.

[134] Zu diesen *Mülbert*, Aktiengesellschaft (oben Fn. 66), S. 338 ff., 347 ff.

[135] Zum Vorrang gesetzlicher Ausgleichs- und Abfindungsansprüche gegenüber der Beschlußkontrolle *Th. Raiser*, Kapitalgesellschaften (oben Fn. 31), § 16 Rn. 128.

[136] Zu behandeln wäre etwa noch die funktionale Bedeutung von Registersperren, wie sie neuerdings zunehmend zur Umsetzung von geänderten gesetzlichen Vorgaben in die Satzung bestehender Gesellschaften verwendet werden (§ 86 GmbHG) wie auch die Bedeutung der Treuepflicht zur Durchsetzung von Satzungsänderungen gegen sich sperrende Gesellschafter.

werden scheint. Dabei ging es nicht darum, den Funktionsbezug über-
zubewerten. Der Funktionsbezug ist einer von vielen Aspekten. Die
anderen behalten daneben ihre Gültigkeit. Mir ging es nur darum, daß
auch der funktionale Aspekt als solcher erkannt und entsprechend berücksichtigt wird.

Bereits die Themenstellung deutet allerdings meine Überzeugung an,
daß das funktionale Rechtsdenken weit über den Bereich des Gesellschaftsrechts hinausgeht. Das ist in den vorangegangenen Überlegungen bereits angeklungen und soll hier abschließend nochmals kurz auf-
gegriffen werden.

1. Wirtschaftsrecht

Einen Schwerpunkt hat das funktionale Rechtsdenken seit jeher im
Wirtschaftsrecht. So ist die Funktion des Marktes und ihre Aufrechterhaltung traditioneller Gegenstand des Wettbewerbsrechts.[137]

2. Allgemeines Vertragsrecht

Eines der wichtigsten prozeduralen Subsysteme mit Selbstregulie-
rungscharakter[138] ist bekanntlich auch unsere Vertragslehre. Für sie
dürfte in ähnlicher Weise wie für das Gesellschaftsrecht gelten, daß die
Aufrechterhaltung der Selbstregulierung der richterlichen Einzelfallin-
tervention wegen inhaltlicher Mängel vorgeht.[139] Die richterliche Inhaltskontrolle ist daher hier, wie auch im Gesellschaftsrecht,[140] nur
dann gerechtfertigt, wenn autonomienähere Lösungen fehlen. Das ist
bislang bei den Allgemeinen Geschäftsbedingungen der Fall.[141] Beispiele für autonomienähere Systemkorrekturen zur Aufrechterhaltung
oder Wiederherstellung der Selbstregulierungsfunktion wurden bereits
mit dem Widerrufsrecht nach dem HaustürWG und dem VerbrKrG

---

[137] Zur funktionalen Betrachtungsweise im Recht der Wettbewerbsbe-
schränkungen *Immenga/Mestmäcker*, GWB (oben Fn. 118), Einl. Rn. 26 ff.

[138] Zum prozeduralen Grundcharakter der Vertragsfreiheit und Vertragsgerechtigkeit im Vertragsrecht *Canaris*, iustitia distributiva (oben Fn. 95), S. 46 ff.;
ders., AcP 200 (2000), S. 273, 283 ff.

[139] *Fastrich*, Inhaltskontrolle (oben Fn. 76), S. 76 f.

[140] Zur Inhaltskontrolle im Gesellschaftsrecht *Fastrich*, Inhaltkontrolle
(oben Fn. 76), S. 124 ff.

[141] Siehe zum Ungenügen von prozeduralen Informationsmodellen beim
AGB-Problem *Canaris*, AcP 200 (2000), S. 273, 325.

genannt.[142] Sie können allerdings die Inhaltskontrolle bei den Neben-
bedingungen nicht ersetzen,[143] wohl aber ein Ausgreifen einer verschärften richterlichen Kontrolle auf die Angemessenheit von Entgelt-
vereinbarungen, wie sie sich bei der Kontrolle von Preisnebenabreden
zu entwickeln beginnt,[144] entbehrlich machen.

Funktionale Komponenten hat im Privatrecht etwa auch der Ver-
trauensschutz, wenn das Recht nicht nur aktuelles Vertrauen schützt,
sondern auch bestimmen muß, inwieweit die Teilnehmer am Rechtsverkehr sollen vertrauen dürfen. Dieses sog. typisierte Vertrauen[145] ist
unter dem hier interessierenden Aspekt nichts anderes als die Frage,
welche generellen Verläßlichkeiten im Rechtsverkehr erforderlich sind,
damit das System der Gestaltung der Rechte durch den Einzelnen nach
seinem Willen[146] funktionieren kann. Das Risiko der Fehlinformation
des Rechtsverkehrs wird dem zurechenbaren Verursacher des Rechts-
scheins auferlegt, nicht weil eine konkrete Person darauf vertraut hat,
sondern weil es das Funktionieren des Rechtsverkehrs verlangt, daß
man sich auf die betreffende Information verlassen kann, ohne nachfra-
gen zu müssen, ob die Information tatsächlich zu trifft. Das ist eine
Frage, die letztlich nur unter Gesichtspunkten der Funktion des Systems des rechtsgeschäftlichen Miteinanders beantwortet werden kann.

Von diesem soeben angesprochenen funktionellen Gedanken des
Schutzes der Funktionsbedingungen des Rechtsverkehrs ist es nur ein
kleiner Schritt zur Fragestellung, ob nicht ein Teil der heute nur mit
großer Mühe aus der jeweiligen konkreten Vertragspartnerbeziehung
entwickelten Verhaltenspflichten gegenüber Dritten, deren Verletzung
haftungsbegründend ist, etwa in Form der Erstreckung der Prospekt-
haftung im Recht der PublikumsKG auf alle Initiatoren und Grün-
der[147], oder der Haftung von Gutachtern gegenüber Dritten[148], nicht in
Wahrheit solche sind, die sich vom Einzelfall unabhängig einfach aus
den Funktionsbedingungen des rechtsgeschäftlichen Miteinanders ergeben, die also, ähnlich der Vertrauenshaftung, als Haftung kraft Teil-

---

[142] Oben IV 2 a.

[143] *Canaris*, AcP 200 (2000), S. 273, 325.

[144] Z.B. BGHZ 133, 10 ff.; dazu krit. etwa *Canaris*, AcP 200 (2000), S. 273,
327 ff.

[145] Dazu *Canaris*, Die Vertrauenshaftung im deutschen Privatrecht, 2. Aufl.,
1971, S. 503 f.

[146] So die bekannte Definition der Privatautonomie durch *Flume*, Allgemeiner Teil des Bürgerlichen Rechts, Bd. 2, Das Rechtsgeschäft, 4. Aufl. 1992, § 1, 1.

[147] BGHZ 79, 337; 111, 314; WM 1992, 901; vgl. auch *Canaris*, AcP 200
(2000), S. 273, 318.

[148] BGHZ 127, 378; NJW 97, 1253; 87, 1785; 84, 356 und oft.

nahme am rechtsgeschäftlichen Verkehr,[149] rechtsfortbildend aus der Teilnahme am Rechtsverkehr und den Notwendigkeiten seines sachgerechten Funktionierens zu begründen sind. Das kann hier nur angedeutet werden.

3. Arbeitsrecht

Beispiele für funktionales Rechtsdenken ließen sich auch für das Arbeitsrecht nennen. So ist seit jeher umstritten, wie man dem Problem der Ausgleichsquittungen gerecht werden kann, die der Arbeitnehmer im Zusammenhang mit der Beendigung seines Arbeitsverhältnisses und oft unter dem Druck der Ereignisse unterschreibt und damit auf noch ausstehende Gehaltsansprüche und auf seine Rechte aus dem Kündigungsschutzgesetz verzichtet. Die Fälle sind in der Regel nicht so beschaffen, daß mit § 138 Abs. 2 BGB geholfen werden kann; wohl aber ist sich der Arbeitnehmer oft der Tragweite seines Handelns und möglicher besserer Alternativen nicht voll bewußt. Die Rechtsprechung versucht, durch einschränkende Interpretation zu helfen,[150] was aber mißlingt, wenn etwa der Verzicht auf Kündigungsschutz eindeutig formuliert ist. Wäre es hier nicht auch besser, dem Arbeitnehmer einen generellen befristeten Widerrufsvorbehalt zuzubilligen, wenn er die Erklärung unter zeitlichem Druck möglichst noch in Anwesenheit des Arbeitgebers oder seiner Vertreter abgegeben hat,[151] anstatt die Autonomie des Arbeitnehmers durch kontrollierende Interpretation einzuschränken, ohne zu wissen, ob der Arbeitnehmer nicht in der Tat seine persönlichen Gründe hatte, aus denen er wohlüberlegt eine solche Erklärung abgegeben hat?

Einen besonderen Schwerpunkt hat das funktionale Denken aber vor allem im Arbeitskampfrecht. Die vom Bundesarbeitsgericht hier hervorgehobene Leitlinie ist hier die der Kampfparität.[152] Keine der Arbeitskampfparteien soll von vornherein ein solches Übergewicht haben, daß sie die Tarifbedingungen diktieren kann. Der Arbeitskampf

---

[149] Zur Vertrauenshaftung kraft Teilnahme am rechtsgeschäftlichen Verkehr *Canaris*, Vertrauenshaftung (oben Fn. 145), S. 442 ff.

[150] Z.B. BAG AP Nr. 5 zu § 4 KSchG 1969.

[151] In diese Richtung gehend auch *Zöllner*, Festschrift Söllner (oben Fn. 114), S. 1315 allgemein für arbeitsrechtliche Aufhebungsverträge.

[152] BAG AP Nr. 1 u. 64 zu Art. 9 GG Arbeitskampf und oft; zum Gedanken der Arbeitskampfparität in der Rechtsprechung des BAG statt anderer *Otto* in Münchner Handbuch zum Arbeitsrecht, Bd. III 1993, § 275 Rn. 75 ff.

wird in Funktionszusammenhang mit der Tarifautonomie gesetzt mit dem Ziel, den Arbeitskampf als ultima ratio des tariflichen Einigungsprozesses zu erhalten.[153] Dieses funktionale Ziel schlägt dann auch auf die Einzelarbeitsverhältnisse durch, indem sich die Rechtsprechung bei der Frage, unter welchen Voraussetzungen Arbeitnehmer im Arbeitskampf ihren Lohnanspruch verlieren (sog. Arbeitskampfrisiko), am Funktionsgedanken der Arbeitskampfparität orientiert.[154]

---

[153] BAG AP Nr. 43 u. 82 zu Art. 9 GG Arbeitskampf; auch BVerfGE 84, 212.

[154] BAG AP Nr. 70 zu Art. 9 GG Arbeitskampf.

www.ingramcontent.com/pod-product-compliance
Lightning Source LLC
Chambersburg PA
CBHW050653190326
41458CB00008B/2548